Brina Stein

Jahresausklang auf Madeira

Wellengeflüster in Portugal

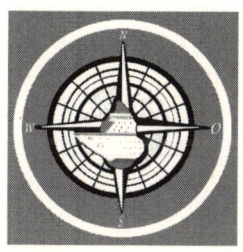

Verlag 3.0

Brina Stein
Jahresausklang auf Madeira
Wellengeflüster in Portugal
Reiseerzählungen

ISBN – Print   978-3-95667-125-8   Edition BUCH[+eBook]
ISBN – eBooks   978-3-95667-126-5 ePub
                978-3-95667-127-2 mobi

© 2014 by Verlag 3.0 Zsolt Majsai,
50181 Bedburg, Neusser Str. 23 | http://buch-ist-mehr.de

Sollten Sie Fragen oder Anregungen haben, können Sie gerne eine
E-Mail senden an: service@verlag30.de

Lektorat: Hubert Quirbach | www.sprache-und-auge.de
Illustrationen &
Coverdesign: Boris Noruschat | www.kreuzfahrtunikate.de
Fotos: Madle Fotowelt | www.madle-fotowelt.de
Umschlag: Attila Hirth | http://kurziv.hu
Satz & Layout: Olaf Lange, 69126 Heidelberg
eBook-Erstellung: Gerd Schulz-Pilath | datamorgana@mac.com

Printed in EU

Bibliografische Information der Deutschen Nationalbibliothek
Die Deutsche Nationalbibliothek verzeichnet diese Publikation in der
Deutschen Nationalbibliografie; detaillierte bibliografische Daten sind
im Internet über http://dnb.ddb.de abrufbar.

Jahresausklang auf Madeira – Wellengeflüster in Portugal ist das dritte Buch der Autorin. Aufgrund des großen Erfolgs von Wellengeflüster Band I und II, fühlte sie sich durch viele positive Rückmeldungen ihrer Leser bestätigt und begann an diesem besonderen Format des Wellengeflüsters zu schreiben.

Brina Stein wurde in Berlin geboren, ist in Lübeck aufgewachsen und lebt heute mit ihrem Mann im Taunus.

Gewidmet meinen treuen Lesern,
die mich immer wieder
zu neuen Seegängen motivieren,
danke!

Vorwort

Das Kreuzfahrt-Fieber erfasst Menschen zumeist gleich auf ihrer ersten Seereise. Einmal infizierte Urlauber kennen danach nur noch zwei Jahreszeiten: „Kreuzfahrten" und die „Zeit dazwischen". Die Lektüre von Brina Steins „Jahresausklang auf Madeira – Wellengeflüster in Portugal" verkürzt diese Wartezeit auf kurzweilige Weise. Unweigerlich stellt sich beim Lesen dieses wohlige Sehnsuchtsgefühl ein, das man beim Blick auf den weiten Horizont auf See empfindet, im gemütlichen Liegestuhl am Pool oder beim leckeren Fünf-Gänge-Menü im Bordrestaurant mit Panoramafenstern.

Der Wellengeflüster-Fan erkennt viele Protagonisten der ersten beiden Bände wieder, der Neu-Leser vergnügt sich mit den ungewöhnlichen Erzählperspektiven, wenn Brina Stein beispielsweise aus der Sicht eines kleinen Hilfsengels von Amor oder zweier reisefreudiger Geister aus Sylt schreibt.

Alle Geschichten verbindet ein roter Faden: Sie laufen auf eines der großen Kreuzfahrt-Highlights zu – das Feuerwerk in Funchal auf Madeira, bei dem jedes Jahr die Passagiere nur weniger privilegierter Schiffe dabei sein können. Zunächst im Verborgenen entwickeln sich Beziehungen zwischen den einzelnen, unabhängig verlaufenden Episoden, die für so manche überraschende Wendung sorgen.

Brina Steins Markenzeichen, die ungewöhnlichen Erzählperspektiven, zusammen mit dem Fachwissen einer passionierten Kreuzfahrerin machen auch diese Sonderedition von Wellengeflüster zu einer wunderbare Lektüre, um die Zeit zwischen Kreuzfahrten zu überbrücken und sich in Gedanken auf das eigene Lieblingsschiff zu versetzen.

Ich wünsche Ihnen viel Lesefreude und angenehme Erinnerungen, die bei der Lektüre ganz sicher wieder lebendig werden.

Ihr *Franz Neumeier*
(Fachjournalist Thema Kreuzfahrten)

Prolog

Funchal

Lieber Leser, 10 – 9 – 8 – 7 – 6 – 5 – 4 – 3 – 2 – 1 …Willkommen 2015! Das neue Jahr hatte also begonnen. Stolz blickte ich auf meinen Hafen, in welchem schön illuminiert sechs Kreuzfahrtschiffe lagen. Ich selbst funkelte auch wie eine Lichterorgel aus den 70er-Jahren. Meine Weihnachtsdekoration gepaart mit dem Feuerwerk zu Silvester ließ mich in allen Farbenfacetten strahlen, auf die ein Maler in seiner Palette stolz wäre. Wer ich bin? Ich bin die Stadt Funchal und die Hauptstadt der Insel Madeira. Meinen Namen verdanke ich meinen portugiesischen Entdeckern, die damals große Mengen Fenchel hier vorfanden. Schon im Jahre 1421 wurde ich gegründet, 1508 erhielt ich Stadtrechte und seit dem 16. Jahrhundert bin ich Bischofssitz. Erst seit dem Jahre 1950 etablierte ich mich als Kreuzfahrthafen. Heute wird meine Einfahrt als eine der spektakulärsten der Welt angepriesen und oft in einem Atemzug mit dem Anlauf von Rio de Janeiro verglichen. Das macht mich sehr stolz, dabei verfüge ich über keine Christus-Statue. Doch mein Berg, an dem ich optisch zu kleben scheine und der Monte heißt, hat die gleiche Höhe von 800 Metern wie der berühmte Zuckerhut in Südamerika.

Zurück zum Jahresausklang oder dem stets faszinierenden Neubeginn. Nachdem das spektakuläre Feuerwerk an Land endete, startete jedes der sechs Kreuzfahrschiffe sein eigenes. Bestimmt ein echtes Highlight für die Passagiere. Deren

Anzahl, alle Schiffe zusammengezählt, berechnete ich auf ungefähr 10.000 Menschen. Das war schon eine Hausnummer! Interessiert betrachtete ich die unterschiedlichen Schiffe genauer. Sie alle waren im Hellen angekommen und hatten mich mehr oder weniger begeistert. Doch jetzt im Dunklen sahen sie alle noch schöner aus. Ihre Decks waren mit bunten, leuchtenden Lichtergirlanden geschmückt. Viele Menschen standen dort oben und schauten in den erleuchteten Nachthimmel. Die beiden großen Schiffe, die an der vorderen Pier lagen, kannte ich. Sie kamen mich in der Wintersaison jede Woche besuchen. Das erste Schiff war blau und große Schriftzüge zierten seine Außenhaut. Das Zweite, welches dahinter lag, hatte am Bug sogar Augen. Im Anschluss lag ein Kleineres mit einem orangen Schornstein. Ich war mir nicht sicher, ob es schon mal in meinem Hafen gelegen hatte. Am besten gefiel mir das kleinste Kreuzfahrtschiff, welches aussah wie eine große Jacht und ein wenig abseits des Hafens auf Reede lag. Von ihm aus musste man einen atemberaubenden Ausblick auf mich und die anderen Schiffe haben. Nahe meinem Park lag ein kleiner Klassiker, an dessen Heck die deutsche Flagge wehte. Auch dieses kannte ich. Es fuhr um die Welt, besuchte mich hin und wieder, jedoch nicht jedes Jahr. Das sechste Schiff war erst am frühen Abend angekommen und lag auch auf Reede. Es war mit Abstand das größte Schiff und es lief mich das erste Mal an. Als es am Horizont auftauchte, dachte ich zunächst, ein schwimmendes Hochhaus käme auf mich zugefahren. Ich konnte jetzt deutlich beobachten, wie aufmerksam sich die sechs Schiffe gegenseitig bei ihren Feuerwerken beäugten. Klar, jedes Schiff wollte für seine Gäste mit dem schönsten punkten. Der Mega-Liner auf Reede machte eindeutig das Rennen. Die Crew schoss die Raketen derart gezielt in die Höhe, dass zum Abschluss die Zahlen 2-0-1-5 am Himmel leuchteten. Das bildete dann auch den krönenden Abschluss gegen 01:00 Uhr. Allerdings gingen die Partys an Bord noch bis in die frühen Morgenstunden weiter. Der Geräuschpegel war nicht zu überhören, doch da meine Einwohner auch die Nacht zum Tag machten, störte sich niemand daran.

Als am Neujahrsmorgen fast alle Schiffe meinen Hafen verlassen hatten, kehrte endlich Ruhe ein. Da fiel mein Blick plötzlich auf die Kaimauer. Ich traute meinen Augen nicht! Dort, wo sich stets die Reedereien mit ihren gemalten Schiffsbildern verewigt hatten, eine Tradition seit Beginn der frühen Seefahrt, war nichts mehr zu sehen als eine große schwarze Wand. Jemand musste in der letzten Nacht alle Bilder „gestohlen" haben. Wie war das bloß möglich?

Neue Welt

Es war der 21. Oktober und das Segelboot ‚Gerlinde' verließ den Hafen von Travemünde. Kalli stand vorn am Bug, winkte dem stolzen Dreimaster Passat zu und salutierte würdevoll vor der Nordermole.

„Endlich geiht dat los, eenmal üm die Welt", krähte er mit aufgeregter Stimme. Und wie es so typisch für ihn war, nahm er einen großen Schluck aus seinem Flachmann, den er stets bei sich führte. Als er sich umdrehte, sah er Hans-Hugo, der eigentlich nur Hans hieß, sicher das große Steuerrad aus Holz bedienen. Soeben kam auch der dritte Mann an Bord an Deck. Josef, früher als Pastor tätig gewesen, hatte sich dem Küchendienst verschrieben und erkundigte sich bei Hans-Hugo nach den Wünschen für das Abendbrot. Die Männer hatten sich im Sommer eher unfreiwillig auf einer Fährüberfahrt von Travemünde nach Trelleborg kennengelernt. Sie hatten aus unterschiedlichen Gründen ein Bett in einer Dreierkabine gebucht. Sie, die zwar alle im gleichen Alter waren, Anfang 70, aber unterschiedlicher nicht sein konnten, hatten trotzdem eine Gemeinsamkeit gefunden: Die Einsamkeit. Kalli war ein armer Postrentner, der vor Jahren seine Frau bei einem Autounfall verloren hatte. Sein Jahresurlaub war damals besagte Fährüberfahrt ab Travemünde gewesen, mehr konnte er sich nicht leisten. Hans,

13

der seitdem den von Kalli ausgesuchten Namen Hans-Hugo trug – eine Anspielung auf seinen teuren Anzug von Hugo Boss – hatte die Fähre wegen seiner Flugangst gewählt, denn er musste zu der Hochzeit seiner Tochter nach Schweden. Er war Witwer, denn seine Frau Gerlinde war an Krebs gestorben. Josef war ebenfalls ohne Frau. Sie hatte ihn verlassen, nachdem er als Pastor in den Ruhestand getreten und es ihr zu Hause zu eng geworden war. Nach nur einer Nacht waren die Männer ein Team geworden. Einige Monate waren seitdem vergangen. Hans-Hugo hatte sein Versprechen wahr gemacht und die anderen zwei auf einen Segeltörn eingeladen. Nicht einmal um die Welt, aber in die Karibik. So würden sie dem düsteren Monat November entgehen und auch Weihnachten wäre gewiss leichter an Bord unter der südlichen Sonne zu ertragen sein. Nach Hans-Hugos Berechnungen sollten sie zu dieser Zeit die Karibischen Inseln erreicht haben. Doch es sollte anders kommen. Ein Motorschaden bedeutete eine dreiwöchige Zwangspause in Lissabon. Davon ahnten die drei heute aber noch nichts.

Als Kalli Josef erblickte, turnte er erstaunlich rüstig für sein Alter über das Deck.

„Wat hest du fraagt?", wollte er wissen.

„Mir ging es um das gemeinsame Abendbrot, ihr Lieben, was wollen wir heute zu uns nehmen? Ich hätte frischen Schinken da, könnte ein paar Gürkchen aufschneiden und heute Morgen habe ich noch ein wunderbares Schwarzbrot beim Bäcker eingekauft", pries Josef das Essen an, als wäre es das feierliche Abendmahl. Er sprach noch immer ein wenig wie ein Pastor von seiner Kanzel. Kalli klatschte in die Hände und meinte:

„Prima, un dorto en Buddel Beer."

Hans-Hugo nickte wohlwollend, gab aber zu bedenken:

„Wir sind noch nicht mal an der Ausfahrt-Tonne Brodten-Ost vorbei, lass uns noch eine Stunde warten."

Josef, der sich immer über eine rege Anteilnahme an seiner Person freute, stimmte zu, warf sich das Küchenhandtuch über die rechte Schulter und stieg frohen Mutes pfeifend wieder in die Kombüse tief im Schiffsbauch hinunter. Als die ‚Gerlinde' – das Schiff trug den Namen von Hans-Hugos verstorbener Frau – die weite Ostsee erreicht hatte, kam Seegang auf. Kalli störte das nicht. Er spähte durch das Fernglas, haute dem verdutzten Hans-Hugo auf die Schulter und sagte:

„Wo schön, dat du Wort holen hest un uns Tour wahr ward. Ik föhl mi as Christopher Kolumbus. De wüll ok de niege Welt entdecken."

Zur Bekräftigung seiner Worte kramte Kalli die bekannte kleine Flasche aus seinem Anorak und bot sie dem anderen an, der ablehnte. Er selbst jedoch nahm einen weiteren, großen Schluck.

Hans-Hugo lächelte, auch er war froh, dass es heute auf die große Fahrt ging. Unterdessen rief Josef aus der Kombüse. Das Abendbrot war gerichtet.

Am 21. Dezember traf Reisebüroleiterin Ina die Landfrauen Rita, Rosi und Ute am Gate des Flughafens Hannover. Die drei Frauen, die um die 60 Jahre alt waren, hatten Ina vor zwei Monaten mit der Idee überrumpelt, sie an Weihnachten und Silvester auf eine Kreuzfahrt um die Kanarischen Inseln zu begleiten. Sie waren schon oft auf Gruppenreisen mit Ina unterwegs gewesen, zuletzt im Frühjahr auf der Donau. Doch diese Reise war anders gewesen. Ina war kurz vor der Donau-Reise von ihrem langjährigen Freund verlassen worden und seitdem sehr einsam. Die Landfrauen merkten schnell, wie sehr sie litt. Sie, die sich allesamt ihrer Männer aus unterschiedlichsten Gründen entledigt hatten, waren besorgt um „ihre" Ina. Sie war mit Anfang 30 zu jung, um allein zu bleiben! So hatten sie beschlossen, Ina mitzunehmen und auf andere Gedanken zu bringen. Der streng geheime Plan der Frauen war, Ina einen neuen Mann bei der Gelegenheit zu suchen. Rita, die Pfiffigste von ihnen, hatte bei einem Kaffeeklatsch, an dem die Idee geboren wurde, mit der Hand auf den Tisch gehauen und gesagt:

„Da wird sich doch einer finden lassen an Bord eines Schiffes mit 2.000 Leuten. 1.000 davon sind Männer!"

Begeistert hatten Rosi und Ute applaudiert. Ina war zwar überrascht, aber mit Hinblick auf die Feiertage zum Jahresausklang, vor denen sie sich schon im Oktober fürchtete, hatte sie gern zugesagt.

Der Flug von knapp fünf Stunden ging schnell vorbei. Die Landfrauen freuten sich auf ihr erstes Hochseeabenteuer. Ute gab zu, dass sie schon jetzt Angst vor eventuellem Seegang hatte. Daher kaufte sie beim Bordverkauf im Flugzeug gleich drei Pakete Underberg zu je vier Flaschen.

„Was soll das denn?", fragte Rita mit lauter Stimme, sodass sich mindestens vier Flugzeugreihen vor ihnen umdrehten.

„Psst", machte Ute und ergänzte:

„Wenn das Wellengeflüster zu tosend wird, dann trinke ich einen Underberg. Das beruhigt den Magen und es wird ja anders sein als auf dem Flussschiff."

Rosi begann schallend zu lachen und Ina machte sich immer kleiner in ihrem Sitz, als wollte sie nicht dazugehören, doch plötzlich fiel ihr etwas ein.

„Ute, es ist verboten Alkohol mit an Bord zu bringen. Deinen Einkauf wird dir die Security beim Check-in abnehmen. Es sind doch sowieso alle Getränke inklusive", meinte Ina kopfschüttelnd.

„Bei mir hilft nur Underberg, wenn ich es im Magen habe und der stand nicht auf der Barkarte im Internet. Die sollen sich mal nicht so anstellen, sie sparen dann doch

16

meine Schnäpse ein", trompetete Ute lautstark zurück. Ina erwiderte nichts mehr.

Nach der Landung auf dem Flughafen von Las Palmas erreichten sie nach kurzer Zeit den Hafen. Ina hatte ein Taxi bereits aus Deutschland vorbestellt und so waren sie sehr schnell auf dem Schiff. Die Security hatte Utes Underberg-Pakete entweder nicht gefunden oder es war ihnen egal. Das Schiff war groß und blau angestrichen. Es war ein wenig älter, aber vor ein paar Jahren renoviert worden. Auf seinem Bug trug es weiße Schriftzüge. Die Frauen hatten Einzelkabinen Innen auf Deck 4 gebucht. Sie lagen nebeneinander und als sie die Koffer auspackten, bei geöffneten Türen, hatten sie den Flur bereits fest in ihrer Hand. Das Ablegen am Abend verfolgten sie von Deck 12 aus, wo sich auch die Pool-Bar befand. Sie stießen mit einem Glas Sekt an.

„Auf wunderbare Tage an Bord", rief Rita mit ihrer lauten Stimme, „nun müssen wir ja schauen, dass wir täglich unseren Reisepreis abtrinken, Prost!" Ina lächelte ein wenig angespannt. Das Konzept der Reederei hatte über 80 Getränke der Barkarte mit im Reisepreis inkludiert. Ina befürchtete gerade das Schlimmste. Nüchtern waren die Landfrauen schon eine Herausforderung, aber täglich „unter Strom"? Die ersten fünf Kreuzfahrttage gestalteten sich jedoch entspannt. Mal abgesehen davon, dass Ute tatsächlich seekrank wurde und zwar schon auf der ersten Etappe nach La Gomera. Doch nicht auf See, an Land schwankte sie und als sie den ersten Fuß in San Sebastian an Land setzte, wurde ihr übel. Doch zum Glück hatte sie ihre „Medizin" dabei und „überlebte" die spannende Jeep-Safari, welche die Frauen quer über diese grüne Insel führte. Das nächste Ziel war die beeindruckende Stadt Casablanca, die größte Stadt Marokkos, die sie nach einem Seetag am 24. 12. erreichten. Anstatt Weihnachtsbäume am Nachmittag zu schmücken, ritten sie auf Kamelen! Ihr gebuchter Ausflug führte sie aber trotzdem auch in eine Kirche, in die Hassan-II.-Moschee. Jedoch war das eine ganz neue Welt. Die Lage eskalierte fast am Eingang der Moschee, als Rita sich weigerte, ihre Schuhe auszuziehen. Unter dem strengen Blick von Ina gab sie schließlich nach. Als sie nach dem Besuch draußen gemütlich auf einer Mauer saßen, gab sie bekannt:

„Na, das war die erste und letzte Moschee in meinem Leben." Der Rest der Landfrauen kicherte albern. Trotz allem genoss Ina die Weihnachtstage besonders, da alles anders war als die Jahre davor zu Hause mit Rolf. Zwar fanden auch auf dem Schiff die üblichen Bräuche statt, ein Tannenbaum wurde auf dem Sonnendeck aufgestellt und liebevoll geschmückt, zur Kaffeezeit roch es nach Bratapfel in den Restaurants und am Abend wurde auf dem leicht windigen Sonnendeck Glühwein ausgeschenkt, doch es fühlte sich anders in der ungewohnten Umgebung zum Jahresende an. Die Landfrauen jedoch waren nicht zufrieden nach den ersten Tagen. Sie hatten bisher keinen Mann für Ina entdecken können. Es waren fast nur Familien mit Kindern, Paare und einige ältere Singleherren an Bord. Ina verbrachte die Nachmittage oft im Fitnessstudio auf Deck 11. Dort trainierte sie am Laufband und an sonstigen Geräten, die den Frauen fremd waren. Diese lagen dann entspannt in den gemütlich gepolsterten Liegen und „ihr" philippinischer Lieblingskellner Leo, der sogar ein wenig Deutsch verstand, versorgte sie mit Cocktails. In den ersten Tagen hatten sie die Karte rauf und runter probiert und nun hatte jede ihren persönlichen Lieblingscocktail gefunden. Die herbe Rosi trank Mojito, die laute Rita bevorzugte Piña Colada und die seekranke Ute den Americano, da war auch Wermut drin, der ihrem stets aufgewühlten Magen doch so guttat.

„Die Ina rennt und rennt da auf dem Band im Fitness-studio, sie rennt immer noch vor irgendwas weg, falls ihr mich fragt", sagte Rosi.

„Das ist ein Mist, wir sind schon fünf Tage hier und ich habe keinen einzigen infrage kommenden Mann unter den Passagieren gesehen", meinte auch Ute nachdenklich.

Rita klatschte entschlossen in die Hände und schlug vor:

„Dann müssen wir jetzt in die Offensive gehen und noch-mals genau die männlichen Passagiere studieren. Vielleicht kommt ja auch ein Mann, der schon ein wenig älter ist, in-frage."

„Oder einer von der Crew", schlug die sonst eher ruhige Rosi vor.

„Blödsinn", donnerte Rita los, „auf jeder Reise eine ande-re Braut, das ist nun gar nichts für unsere Ina."

Rosi sah betreten zu Boden, Ute schlürfte sorgsam und hörbar den letzten Rest von ihrem Cocktail mit dem Stroh-halm auf und hielt daher nur ihren Daumen hoch.

Hätten sie in diesem Moment Ina gesehen, die gerade eine Einladung für den späten Abend an Deck, wenn sie schon schliefen, von dem smarten Fitnesstrainer annahm, wären sie vermutlich verzweifelt.

Am nächsten Tag lagen sie in Santa Cruz, dem Hafen von Teneriffa. Ina unternahm mit den Landfrauen einen Stadt-rundgang. Nachdem sie ausgiebig durch die kleinen Gassen gebummelt waren, taten ihnen die Füße weh. Die Land-frauen waren einem richtigen Shopping-Rausch verfallen. Häkeldeckchen, einheimische Gewürzmischungen und di-verse Schmuckstücke aus dem Halbedelstein Olivin hatten sie gekauft. Plötzlich erspähten sie eine interessant aus-sehende Bar, die sich nur unweit vom Hafen befand. Große Schinken hingen von der Decke und die Tische bestanden aus alten Weinfässern.

„Da gehen wir rein", bestimmte Ina, „ich kann nicht mehr."

Begeistert ließen sich die Landfrauen, wie immer schnatternd, auf den Stühlen nieder. Die Herren am Nachbartisch blickten kurz auf.

„Oh, dor ward düütsch snackt", meinte Kalli und blickte interessiert zu den Damen hinüber.

Er unterbrach dabei Hans-Hugo, der gerade versuchte, anhand einer Seekarte seinen Mitreisenden klarzumachen, dass sie es bis Silvester nicht in die Karibik schaffen würden. Schuld war der unfreiwillige, technische Stopp in Lissabon. Der Kellner nahm derweil die Bestellung der Damen auf. Rotwein bestellten sie und eine große Auswahl an Tapas.

„Oh, kaum sind wir an Land und ich bin nicht abgelenkt, ist mir schon wieder so gammelig im Magen", meinte Ute und kramte in ihrer Handtasche nach einem Underberg. Schnell drehte sie den grünen Flaschenverschluss auf und kippte sich den Inhalt in den Rachen.

Ina schaute sich besorgt um, aber der Wirt schien nichts bemerkt zu haben. Er war offensichtlich in der Küche, um die Bestellung weiterzugeben.

Die Herren am Nachbartisch hatten aber alles genau verfolgt und Kalli bekam glänzende Augen:

„Dat is 'n Ding, een Frü, de ut de Buddel drinkt, det müтt ik kennenlernen", sprach er, schwang sich vom Barhocker und ging zu den Frauen hinüber.

„Moin, ik bün Kalli, wie kaamt ok ut Dütschland. Mien Frünnen sünd Hans-Hugo und Josef. Maakt ji Urlaub hier?"

Ina zuckte bei der forschen Kontaktaufnahme zusammen, doch die Landfrauen freuten sich über die Aufmerksamkeit und klärten Kalli sogleich auf, dass sie mit einem Kreuzfahrtschiff heute hier vor Anker lagen. Kalli war beeindruckt und berichtete, dass sie mit der „Gerlinde" da wären. Als die Frauen verständnislos schauten, kam

Hans-Hugo an den Tisch und berichtete, dass dies ein Segelboot wäre. Nun waren die Frauen beeindruckt, vor allem von der Tatsache, dass sie von Travemünde bis zu den Kanarischen Inseln gesegelt waren. Josef gesellte sich dann schüchtern auch zum Rest und Hans-Hugo übernahm eine korrekte Vorstellung der Herrenrunde. Was dann geschah, würde für immer einzigartig in diesem kleinen Lokal bleiben. Es entwickelten sich rege Gespräche. Hans-Hugo gab den besten kanarischen Wein von der Karte für alle aus und an ein Auf-das-Schiff-zurückgehen war nicht mehr zu denken. Das Ganze entwickelte sich zu einer Party an Land, die seinesgleichen suchen sollte. Nur Ina schaute ab und an auf die Uhr, das Kreuzfahrtschiff würde nicht auf sie warten. Außerdem simste sie heimlich mit dem Fitnesstrainer, der übrigens Bastian hieß und gebürtig aus ihrer Heimatstadt Hannover stammte. Rita lauschte sehr interessiert den Ausführungen von Hans-Hugo über die technische Panne der „Gerlinde" in Lissabon. Rosi und der zurückhaltende Josef tauschten eifrig Kochrezepte aus und Kalli und Ute hatten nur noch Augen füreinander. Ute durfte sogar aus Kallis Flachmann trinken und sie bot ihm großzügig einen Underberg an, den er gern annahm.

„Ah, de is ok good", kommentierte er charmant.

Als der Wirt die Musik ein wenig lauter drehte und ein typischer spanischer Flamenco erklang, forderte Kalli Ute zum Tanz auf. Wie ein Torero hüpfte er um sie herum, die eigentlich nur still stand und klatschte. Als die Musik verstummte, küsste Kalli die überraschte Ute. Sie erwiderte den Kuss innig. Ina schaute wieder auf die Uhr. Es war 19 Uhr, sie waren seit Stunden in der Bar und das Schiff würde um 20 Uhr ablegen. Sie mahnte zum Aufbruch.

„Wi bringt juch to'n Schiff", bestimmte Kalli.

Seinen rechten Arm hatte er seit dem Kuss nicht mehr von Utes Schulter genommen, was diese sichtlich genoss.

Dezent erledigte Hans-Hugo die Rechnung. Der Wirt schloss nach dem Verlassen der Gruppe sofort seine Tapas-Bar. Der Umsatz reichte sogar noch für morgen, wo kein Schiff im Hafen von Teneriffa liegen würde. Um 19 Uhr 30 erreichte die siebenköpfige Gruppe den Hafen. Kalli und Ute gingen Arm in Arm, immer wieder blieben sie stehen und küssten sich. Als sie sich der Gangway näherten und der Abschied näher kam, raunte Kalli ihr ins Ohr:

„Wi seht uns to Silvester up Madeira wedder, dat niege Johr will ik mit di anfangen. In een Week könnt wi da sien."

Ute küsste ihn liebevoll. Der Rest bekam davon nichts mit, wunderte sich aber über den schnellen Abschied an der Gangway. Sehr zur Freude von Ina gingen die Landfrauen sofort auf ihre Kabinen. An ein Abendessen war aufgrund der Getränke am Nachmittag nicht mehr zu denken. So konnte Ina dies mit Bastian ganz alleine genießen sowie den sich anschließenden Abend und eine erste gemeinsame Nacht.

Auch Hans-Hugo und Josef fielen sofort in ihre Kojen, als sie zurück auf der „Gerlinde" waren. Nicht so Kalli, er stand an Deck und als das Kreuzfahrtschiff den Hafen verließ, prostete er Ute symbolisch mit seinem Flachmann zu.

Der nächste Morgen auf dem Segelschiff begann früh um 6 Uhr. Kalli kroch aus der Koje und begann nach einer kurzen Morgentoilette Eier mit Speck zu braten. Nur langsam und aufgrund des intensiven Geruchs nach frischem Fett öffneten Hans-Hugo und Josef ihre Augen.

„Kalli, ich mache doch Frühstück", entrüstete sich Josef, als er richtig wahrnahm, was Kalli da machte. Das rief nun auch Hans-Hugo auf den Plan, müde wälzte er sich auf und ging die paar Schritte zum Herd.

„Nu gifft dat een kräftiges Fröhstöck un den leggt wi af", verkündete Kalli und schwang beeindruckend den Pfannenwender.

„Ach, und welchen Kurs nehmen wir?", wollte Hans-Hugo wissen.

„Na, gen Madeira, da sall dat Silvesterfüerwark besünners schön sein. Bit in de Karibik schafft wi dat nich", antwortete Kalli mit scheinbar harmloser Stimme.

Hans-Hugo lachte schallend los, klopfte Kalli auf die Schultern und begab sich ins Bad. Dieser nahm das als Zustimmung. Josef war inzwischen auch aufgestanden und deckte schnell den Frühstückstisch.

„Du, Kalli", begann er zögernd und fuhr dann fort:

„Das mit Ute ist eine tolle Sache, ihr habt euch sogar schon mehrfach gestern den Verlobungskuss gegeben. Ich bin zwar Pastor im Ruhestand, kann aber noch Trauungen vornehmen, falls gewünscht."

Kalli wendete die Eier in der Pfanne und verdrehte genervt die Augen.

„J-O-S-E-F, Ute ist de Frau, de mi gefallt, nachdem mien Frau storven is. Ik much eh gern weddersehen, drüm mutt ik doch nich glieks heiraten, oder?", sagte er nachdrücklich.

„Na ja", meinte Josef, „ich bin eben immer für geordnete Verhältnisse."

Um 10 Uhr verließen sie den Hafen von Teneriffa und nahmen Kurs auf Funchal, den Hafen der Blumeninsel Madeira.

Das Kreuzfahrtschiff der Landfrauen lief an diesem Tag die Insel Fuerteventura an. Nachdem Bastian Inas Kabine verlassen hatte, versuchte Ina, ihre „Mädels" zu wecken. Sie bekam jedoch gleich dreimal eine Abfuhr. Die Landfrauen hatten einen Kater, der sich gewaschen hatte. Jede Einzelne erklärte ihr, dass sie heute nicht in der Lage wäre, das Schiff zu verlassen. Ute war am schlimmsten dran, sie hatte sich in der Nacht mehrmals übergeben müssen.

‚Kallis Schnaps ist wirklich gewöhnungsbedürftig', dachte sie, als sie sich wieder zurück ins Bett geschleppt hatte. Trotzdem breiteten sich wohlige Gefühle in ihr aus, wenn sie an ihn dachte und sie wünschte sich sehr, ihn bald wiederzusehen. Immerhin war sie seit mehr als zehn Jahren allein, nachdem sie ihren Mann hinausgeschmissen hatte, da er ein Verhältnis mit einer jungen Bäuerin aus dem Nachbardorf angefangen hatte. Nach dem Frühstück unternahm Ina einen Ausflug mit Bastian. Er hatte ab 11 Uhr frei und kurzerhand im Hafenterminal einen Jeep gemietet. Sie fuhren in den Norden der Insel und besuchten die langen, traumhaften Sandstrände in Jandia. Der Sand war fast weiß und bot einen reizvollen Kontrast zu dem blauen Meer. Die Strände waren kilometerlang und obwohl zahlreiche Besucher dort waren, fanden sie ein einsames, stilles Eckchen. Nachdem die zwei Verliebten ausgiebig im Meer gebadet hatten, kuschelten sie sich eng aneinander auf einem Strandtuch zusammen. Bastian streichelte liebevoll Inas Rücken.

„Nun habe ich mich in einen Seemann verliebt", sagte sie, schaute ihm tief in die Augen und fuhr fort:

„Noch eine Woche, dann muss ich nach Hause zurückkehren, wirst du mich dann vergessen?"

Ihr Herz klopfte unendlich stark. Sie spürte trotz des Glücks eine leichte Angst in sich aufsteigen.

Bastian lachte.

„Natürlich nicht, Ina. Schau, ich bin seit zwei Monaten an Bord. Ich habe vor dir keine Frau angesehen, ich schwöre es. Ich kam doch auch hierher, um zu vergessen. Mein Vertrag läuft noch einen Monat, dann kehre ich nach Deutschland zurück und wenn du willst zu dir."

Ina gab ihm einen langen Kuss.

Sie kehrten erst spät an diesem Tag zum Schiff zurück. Als Bastian mit dem Jeep vorfuhr, stand Ute an der Reling auf Deck 12. Den Landfrauen ging es wieder besser und sie hielten gerade ein Cocktailstündchen vor dem Abendessen ab. Bastian übergab den Wagen an einen Hafenarbeiter, nahm Ina in den Arm und gemeinsam schlenderten sie auf die Gangway zu.

„Kommt sofort her", rief die sonst eher leisere Ute und als die anderen zwei sich nicht erhoben, setzte sie nach:

„Ina hat einen aufgerissen."

Wie vom Blitz getroffen schossen Rosi und Rita hoch, eins der Gläser ging zu Boden, doch zum Glück war es aus Plastik. Leo, die gute Seele, eilte sofort herbei und beseitigte das kleine Malheur.

„Das ist der Fitnessheini", wusste Ute.

„Hä?", fragte Rita.

„Den habe ich auf dem Plakat gesehen, wo sich die Crew vorstellt", erklärte Ute wichtig.

„Hübsches Kerlchen", meinte Rosi.

„Habt ihr sie noch alle?", fragte Rita mit aufgebrachter Stimme und erklärte dann:

„Diese Crewmitglieder haben auf jeder Reise eine andere. Der wird unsere Ina nur wieder unglücklich machen, das ist doch vorprogrammiert, wenn wir wieder zu Hause sind und er weiterhin an Bord bleibt."

Die Frauen nickten.

„Was machen wir?", wollte Rosi wissen.

„Nach dem Abendessen gehen wir mit Ina in die meist ruhigere und weniger besuchte Blau-Bar und dann werden wir ihr diesen Mann ausreden", bestimmte Rita. Rosi und Ute stimmten sofort zu.

Natürlich stieß diese „Beratung" bei Ina auf taube Ohren. Sie lauschte zwar ihren Worten, starrte aber die ganze Zeit auf das überdimensional große Aquarium, welches die kleine Bar dominierte und in dem echte, bunte Fische schwammen. Den Landfrauen blieb nichts anderes übrig, als die nächsten Tage zu beobachten, wie Ina in ihr vermeintliches, neues Unglück lief. Um die Sache besser unter Kontrolle zu haben, ging nun immer eine Landfrau mit ins Fitnesscenter. Doch das half natürlich auch nichts, außer, dass die Frauen allesamt unter starkem Muskelkater litten. Besser machte es auch nicht der Anlauf von La Palma. Ina wollte gern an einer Biking-Tour teilnehmen. Die Landfrauen vermuteten, dass auch Basti dabei sein könnte. Da musste natürlich eine mit. Rosi opferte sich, kehrte jedoch völlig erschöpft nach nicht mal einer Stunde auf das heimatliche Pool-Deck zurück. Sie schnaufte wie ein Walross und deutete auf den großen Berg, der sich hoch über den Hafen erhob. „Bis halb hoch habe ich es geschafft", stöhnte sie, „dann konnte ich nicht mehr." Liebevoll tätschelte Rita ihre Hand. „Basti war gar nicht mit", röchelte Rosi. „Das wissen wir", gab Ute kleinlaut zu, „wir haben ihn vorhin auf dem Crew-Deck gesehen." Nach dem Anlauf von La Palma hatten sie zwei Seetage bis Madeira vor sich und es war hinsichtlich Basti besondere Vorsicht geboten. Am Tag vor Silvester begleitete Ute Ina zum Sport. Ina und Bastian amüsierten sich köstlich über die Landfrauen und ihre Fürsorge, wenn sie allein waren. Am gestrigen Abend hatten sie alle gemeinsam die Karaoke-Show besucht und die drei hatten mit einem Seitenblick auf Bastian das alte Lied „Auf der Reeperbahn nachts um halb eins" vorgetragen.

Rita und Rosi lagen entspannt auf Sonnenliegen auf dem Pool-Deck. Rita seufzte theatralisch.

„Ist was?", fragte Rosi nach.

„Unsere Bemühungen tragen bei Ina keine Früchte. Was können wir bloß noch tun?", fragte Rita mit besorgter Stimme.

Rosi zuckte hilflos mit den Schultern.

„Und mit Ute stimmt auch was nicht, seit dieser Kalli aufgetaucht ist, glotzt sie dauernd auf das Meer", stellte Rita fest.

„Ach, das war doch nur was für einen Abend", mutmaßte Rosi.

„Glaubst du das wirklich?", wollte Rita wissen und flüsterte: „Ich nicht, alleine immer ihr Gesichtsausdruck, wenn die Sprache auf diesen Abend kommt. Eigentlich spricht sie seitdem von nichts anderem mehr."

In diesem Moment kam Ute sichtlich erschöpft und schweißüberströmt über das Deck gelaufen.

„Leo, ein Bier", schrie sie. Anstatt sich aber auf die nächste Liege zu werfen, schaute sie kurz über die Reling. Rita warf Rosi einen wissenden Blick zu.

Am Silvestermorgen erreichte das Kreuzfahrtschiff um 11 Uhr vormittags die Stadt Funchal, den Hafen von Madeira. Hier würden sie bis zum nächsten Morgen liegen und das sagenhafte Feuerwerk um Mitternacht bewundern. Dann würden sie in nur einem Seetag wieder nach Gran Canaria fahren und ins winterliche Deutschland zurückfliegen. Sie waren das Erste von insgesamt sechs Schiffen, welche heute die Insel anlaufen würden. Das Schiff machte ganz vorn an der Pier im Hafen fest. Ina und die Landfrauen verfolgten interessiert das Anlegemanöver vom üblichen Deck 12 aus. „Funchal bedeutet übersetzt Fenchel", las Ina aus ihrem Reiseführer vor. Auf die fragenden Blicke der Landfrauen ergänzte sie: „Als die Portugiesen die Insel besiedelten, fanden sie Fenchel in großen Mengen vor." „Da", schrie Rita und unterbrach Ina mitten im Satz, „guckt mal die Kaimauer an, da sind ja lauter Schiffszeichnungen drauf." „Toll", fand Rosi, „steht darüber auch was in deinem Reiseführer?" Ina sah nach, schüttelte dann aber den Kopf. Plötzlich bog ein Segler in den Hafen ein. Alle bis auf Ute trauten ihren Augen kaum, denn sie erkannten Kalli, der auf das Geländer am Bug geklettert war und mit einem Megafon verkündete:

„Ute, dar bün ik, ik heff Wort holen."

Ute wurde knallrot unter den Blicken der anderen Frauen. Aber sie winkte aus Leibeskräften dem kleinen Boot zu.

Kurze Zeit später trafen sie sich alle auf der Pier. Hans-Hugo lud galant, wie er eben war, die Damen zu einem Segeltörn ein. Ina winkte ab und sagte:

„Lieben Dank, aber ich will Mitternacht noch erleben und sicher sind eure Getränkevorräte an Bord beachtlich. Basti hat auch gleich frei, er will mir die Insel zeigen."

Die Landfrauen stöhnten genervt auf.

„Wer ist Basti?", fragte Kalli neugierig und auf Hochdeutsch.

„Den hat Ina sich vor ein paar Tagen zugelegt, so ein Fitnesstrainer von Bord, der sie in Kürze ins Unglück stürzen wird", erklärte Rita wichtig.

Ina lächelte nur. Als Hans-Hugo sich nun auch noch einmischte, schließlich hatte er auch schon mal eine Kreuzfahrt gemacht, und erörtern wollte, dass Crewmitglieder doch nichts im Gästen anfangen dürfen, reichte es Ina und sie ging zurück auf das Schiff. Die Landfrauen jedoch verbrachten mit den drei Männern einen wunderbaren Tag an Bord der „Gerlinde". Ute befand sogar, dass sie vielleicht künftig immer mit Segelschiffen reisen sollte, denn sie vertrug den Seegang dort viel besser. Kalli grinste. Als sie mit dem Boot am frühen Abend wieder einliefen, lagen bereits drei weitere, große Kreuzfahrtschiffe im Hafen und eins auf Reede. Direkt hinter dem Kreuzfahrtschiff der Landfrauen hatte eins in gleicher Größe eingeparkt. Seinen Bug zierten Augen und ein wunderschöner, roter Kussmund. „Wie romantisch", fand Ute, die dicht an Kalli gekuschelt am Bug stand. Dieser strahlte. Gegenüber auf der Stadtseite des Hafens hatte ein weißes Schiff eingeparkt, welches deutlich kleiner war. „Oh, der Fernsehkahn", kommentierte Rita. Das auf Reede vor der Hafeneinfahrt liegende Schiff entpuppte sich erst auf den zweiten Blick als Kreuzfahrtschiff, als man sah, wie ein Tenderboot an ihm festmachte. Es ähnelte eher einer Jacht, wirkte aber von der „Gerlinde" aus ebenfalls riesengroß. Gut gelaunt gingen die drei Landfrauen die Pier entlang, als sie plötzlich an der Kaimauer einen Mann sahen, der mit einer Art Spachtel an einem der Bilder kratzte.

„Was machen Sie denn da?", schrie Rita den Mann an.

Dieser drehte sich um und sagte mit ruhiger Stimme und einem angenehmen, spanischem Akzent:

„Ich bin Geologe und nehme eine Gesteinsprobe."

„Ach so", antwortete Rita kleinlaut, „dann noch einen schönen Tag."

Die anderen zwei Landfrauen schüttelten nur den Kopf über ihre Freundin.

Ute meinte: „Dass du dich aber auch in alle Sachen immer einmischen musst."

„Wieso?", fragte Rita beleidigt, „hätte doch sein können, dass der jetzt hier die ganzen schönen Bilder abkratzt und künftige Besucher sie nicht mehr bewundern können."

Ute und Rosi brachen in einen Lachkrampf aus. Ihre Freundin hatte wie immer eine blühende Fantasie.

Ina aß mit den Landfrauen zu Abend auf dem Schiff. Ein 7-Gänge-Menü gönnten sie sich zur Feier des Tages in dem teuren A-la-carte-Restaurant „Rickards". Ina hatte die Reservierung damals gleich nach der Kreuzfahrtbuchung vorgenommen, denn sie waren heiß begehrt, besonders natürlich am Silvesterabend. „Feines Essen in gediegener Atmosphäre" hatte der Katalog versprochen und nicht übertrieben. Dementsprechend hatten die Frauen sich auch richtig schick angezogen. Doch sie wären eben nicht die Landfrauen gewesen, wenn sie nicht auch hier aufgefallen wären. Rosi fragte die nette Kellnerin bei jedem Gang nach dem Rezept, was schließlich dazu führte, dass der Koch persönlich am Ende des Dinners aus der Küche zu ihnen an den Tisch trat und ihr Kopien der Rezepte überreichte. Rosi strahlte. Als Rita ihn dann fragte, wie viele Sterne seine Küche vorweisen könnte und er zugab, dass sie noch keinen hätten, gab sie zum Besten: „Na, dann strengt euch mal weiter an, ihr seid ja schon auf einem guten Weg." Der Koch versprach es eifrig. Als der Maître persönlich den im Menü inkludierten Digestif, einen Grappa, servierte, schrie Ute: „Endlich Schnaps, wenn auch kein Underberg!" Erschrocken zuckte der Mann zusammen und beinahe rutschten ihm die Gläser vom Tablett. Ina entschuldigte sich sofort, doch er meinte charmant: „Das geht mir auch immer so nach einem guten Essen." Ute grinste triumphierend und Rita merkte an: „Dieser Kalli hat wirklich keinen guten Einfluss auf dich."

Rustikaler ging es bei den drei Männern auf einem Boot zu. Josef hatte am Nachmittag bei ihrem Ausflug die Angel ausgeworfen und einige Makrelen gefangen. Diese grillte er in Alu-Folie eingewickelt in dem kleinen Backofen der „Gerlinde". Vorher hatte er nur ein wenig Zitrone darauf geträufelt und ein paar Knoblauchzehen beigelegt. Natürlich hatte er noch ausreichend Salz und Pfeffer über die Fische verteilt. Auf dem Herd kochten kanarische Kartoffeln.

„Das duftet aber gut", lobte Hans-Hugo. Josef strahlte und sagte: „Das wird lecker und dazu gibt es original kanarische Mojo-Sauce."

Kalli beäugte die grüne Sauce zwar später beim Essen zunächst ein wenig misstrauisch, häufte sie sich aber tapfer auf den Teller. Ganz gegen seine Gewohnheit war er sehr schweigsam.

Das neue Jahr begrüßten sie später alle gemeinsam auf der Pier vor dem Kreuzfahrtschiff. Leider war es Ina so kurzfristig nicht gelungen, für die Männer eine Genehmigung zu einem Besuch an Bord einzuholen. Da galten strenge Regelungen. Hans-Hugo hatte daraufhin wie immer alles perfekt organisiert. Frisch polierte Champagnergläser, mit der entsprechenden Flüssigkeit gefüllt, hatten Punkt

Mitternacht alle in der Hand. Sicher gab es schönere Orte als den Kai, aber auch von diesem Standort war das Silvesterfeuerwerk, welches zunächst über der Stadt und dann von jedem einzelnen Kreuzfahrtschiff gestartet wurde, beeindruckend. Die Landfrauen, allen voran Ute, waren bester Laune und stießen sogar freundlich mit Bastian an.

„Ist der denn nun auch was für zu Hause oder nur für hier?", fragte Rita Ina mit forscher Stimme während einer kurzen Feuerwerkspause nach Mitternacht. Ina lachte.

„Der", sagte Bastian munter, „fliegt in vier Wochen nach Hause und sein erster Weg wird ihn zu Ina führen. Ich bin kein echter Seemann und arbeite sonst in einem Fitnessklub in Langenhagen. Ina ist die Frau meines Lebens, das weiß ich genau. Außerdem wohne ich doch auch in Hannover."

Ina schmiegte sich glücklich an ihn und warf Beifall heischende Blicke in Richtung der Landfrauen.

Nun brachen diese in wahre Begeisterungsstürme aus. Bastian bekam sogar ein Küsschen von Rita, natürlich nur auf die Wange. Josef klopfte dem jungen Mann auf die Schulter und erwähnte sogleich, dass er zwar Pastor im Ruhestand sei, aber Trauungen noch vornehmen könnte. Bastian versprach, darüber nachzudenken. Hans-Hugo schenkte großzügig Champagner nach. Ute blickte Kalli erwartungsvoll an. Er spürte ihren Blick, nahm sie in den Arm und flüsterte ihr ins Ohr:

„Geev mi noch'n beten Tied. Ik heff lang üm mien Fru truert, de bi een Verkehrunsfall üm't Lewen kamen is. Mit di, dat is nu ene niege Welt, awer ik will di unbedingt weddersehen in Düütschland."

Utes Antwort war ein langer Kuss auf Kallis Mund.

„Jetzt geht das wieder los", kommentierte Rita.

 *Berlin – Puerto del Rosario – Arrecife – Santa Cruz de La Palma – San Sebastian de La Gomera – Las Palmas – Seetag – Agadir – Seetag – Funchal overnight – Berlin*

Übertroffen

Vier lange Jahre hatte ich Jessica nicht gesehen. Gedacht habe ich aber jeden Tag an sie. Inzwischen hatte ich viele Paare zusammengebracht und glücklich gemacht. Ich, ein Engel und Amors treuer Gehilfe, gehörte inzwischen zu den Besten seines Teams. Oft reichte ein einziger Pfeil aus meinem Köcher aus und die Sache war geritzt. Pfeil Nummer zwei und drei benötigte ich nicht mehr. Ich schoss Liebespfeile auf Menschen, die laut Amors Computerergebnissen zusammengehörten. Traf der Pfeil, verliebte sich die Person sofort und unsterblich in die andere, die auserwählte. Obwohl ich viele attraktive Frauen in den letzten Jahren im wahrsten Sinne des Wortes getroffen hatte, blieb mir doch Jessica im Gedächtnis von meinem ersten Auftrag im Alleingang, bei dem ich kläglich versagt hatte und ein zweiter Anlauf gemeinsam mit meinem Boss nötig gewesen war. Diese zwei Reisen waren die einzigen gewesen, die mich auf ein Kreuzfahrtschiff geführt hatten. Umso überraschter war ich, als ich mich zum wöchentlichen Jour fixe bei Amor einfand und er sagte:

„Kleiner Engel, es ist soweit, du wirst wieder auf Kreuzfahrt gehen!"

Mir stockte der Atem.

„Auf das mit diesem roten Mund am Bug?", wisperte ich aufgeregt.

Amor nickte bedächtig und fuhr fort:

„Genau, auf das. Und du wirst alte Bekannte wiedersehen. Jessica und Tim sind mittlerweile seit zwei Jahren
glücklich verheiratet. Sie planen eine Kreuzfahrt zu Weihnachten und Silvester um die Kanarischen Inseln. Haupt-
sächlich aber wegen Jessis Freundin Nina. Die nehmen sie
mit, Nina hatte nicht wirklich gute Zeiten seit vier Jahren,
die Liebe hat ihr sehr zugesetzt und sie muss einfach mal
raus, gerade zu den Feiertagen."

Mein Herz setzte gerade einen Schlag aus. Erst langsam
begriff ich, dass ich endlich Jessica wiedersehen würde.
Nina hatte sie damals auf der zweiten Kreuzfahrt begleitet und war männertechnisch von der einen in die andere
Katastrophe geschlittert. Amor drehte seinen großen Bild-
schirm zu mir um.

„Hier haben wir Ninas perfekten Partner. Hans-Jörg,
Anfang vierzig, geschieden, eine kleine Tochter. Er wohnt
wie sie in Berlin und hat die gleiche Kreuzfahrt gebucht, da
auch er die Festtage nicht allein verbringen möchte. Seine
Tochter wird zwei Wochen bei der Mutter in der Lünebur-
ger Heide sein."

„Sie sind sich doch örtlich nahe, wäre der Job nicht in
Berlin zu erledigen gewesen?", fragte ich dennoch mit aufgeregter Stimme.

„Nein", meinte Amor, „eine Auswertung ihrer Bewegungsprofile hat ergeben, dass sie sich seit 18 Monaten nicht
mehr als einen Kilometer genähert haben."

Ich nickte und wie damals begann es in meinem Bauch
zu kribbeln, wenn ich an Jessica dachte. Ich freute mich
unendlich, sie bald zu sehen. Engel durften sich nicht ver-
lieben, doch bei Jessica war es damals hart an der Grenze
gewesen.

Amor warf mir zwar einen kurzen, skeptischen Blick zu,
konnte er womöglich doch meine Gedanken lesen? Er sagte

aber nichts und nur vier Tage später begab ich mich auf die lange Reise zur kanarischen Insel Fuerteventura, wo diese Kreuzfahrt beginnen sollte.

Anstatt zum Hafen zu fliegen, zog es mich direkt zum Flughafen. Ich wollte Jessica gebührend empfangen. Menschen können Engel nicht sehen, aber bei Jessica hatte ich immer das Gefühl gehabt, dass ich ihr nahe war und sie meine Gegenwart spüren konnte. Ich landete sicher auf dem Dach des Flughafenterminals. Ein kurzer Blick in meinen Computer, der stark einem menschlichen iPhone ähnelte, zeigte mir, dass die drei mit 15 Minuten Verspätung landen würden. Mit im Flieger reiste auch Hans-Jörg. Alle flogen ab Berlin. Und das, obwohl Jessica schon vor zwei Jahren zu Tim – das war nun ihr Mann, mit dem ich sie letztendlich zusammengebracht hatte – in das schöne Rheingau gezogen war. Berlin bot aber die beste Flugverbindung und so starteten sie mit Nina gemeinsam in den Urlaub. Als die Maschine gelandet war, scannte ich ihre Bewegungsprofile ein und sah, dass Tim und Hans-Jörg gerade am Kofferband ins Gespräch kamen. Das lief ja prima an. Dann traten sie alle gemeinsam aus dem Flughafengebäude. Ich gebe es zu, als ich Jessica wiedersah, setze mein kleines Engelherz für einen Schlag aus. Keine Frage, sie war älter geworden, die Jugendlichkeit war einer gewissen Reife gewichen, aber noch immer hatte sie eine Ausstrahlung, die ihresgleichen suchte. Tim brummelte wie gewohnt – das war so seine Art –, weil sie nicht gleich den richtigen Transfer-Bus fanden. Nina tappte wortlos hinterher, ihre Sonnenbrille, obwohl der Himmel bedeckt war, übertraf noch die von Jessica in ihrer Größe und Dunkelheit. Ich ahnte, dass mich ein hartes Stück Arbeit erwarten würde. Hans-Jörg, der noch eine Zigarette vor dem Terminal rauchte, erreichte erst den nächsten Bus. Das wäre auch zu einfach gewesen.

Am Hafen angekommen standen die drei in der Schlange am Check-in. Tim sah genervt aus, während Jessi und Nina aufgeregt miteinander plapperten. Sie warteten nun schon über eine halbe Stunde.

„Nun guck doch nicht so böse", sagte Jessi zu Tim und gab ihm ein Küsschen auf die Wange.

„Jetzt stehen wir hier, hätten wir ein Taxi genommen, wären wir längst in der Kabine", antwortete Tim mit leicht aggressivem Unterton.

Jessica wandte sich augenrollend von ihm ab und zwinkerte Nina zu. Als sie endlich den Check-in überstanden hatten, bezogen sie ihre Kabinen. Für Jessi und Nina fühlte es sich wie ein Nach-Hause-Kommen an. Zu gern wollten sie einen ersten Rundgang machen, doch Tim stoppte an der Pool-Bar und bestand auf einem Bier nach dem stressigen Anreisetag. Irgendwie bekam ich langsam das Gefühl, dass Jessica und Tim eine kleine Beziehungskrise hatten. Ich vermisste den liebevollen Umgang zwischen ihnen. Ich rief den großen Boss an und berichtete meine ersten Eindrücke.

„Du sollst dich um N-I-N-A kümmern", donnerte er unerwartet heftig los.

„Jessica und Tim sind seit ein paar Jahren zusammen, das ist bei Menschen normal, dass sich in Beziehungen dann der Umgang miteinander verändert."

„Ach so", quetschte ich kleinlaut in den Hörer. Plötzlich sah ich, dass Hans-Jörg sich neben Tim an die Pool-Bar setzte.

„Ich muss Schluss machen, großer Amor, Hans-Jörg kommt gerade mit Tim ins Gespräch, vorhin haben sie sich schon am Kofferband unterhalten."

Amor stimmte zu, verwies mich aber noch mal auf den Auftrag, mich um Nina zu kümmern. Ich flog zum Tresen hinüber und bekam gerade noch mit, wie Tim die Frauen mit Hans-Jörg bekannt machte. Dieser schien sich über den spontanen Anschluss zu freuen und kam sofort locker mit Nina ins Gespräch. Klasse. Tim orderte noch ein Bier, Jessica warf einen Blick in die Cocktailkarte. Ich fackelte nicht lange, erhob mich in die Luft, zückte meinen ersten Liebespfeil aus dem Köcher und nahm Ninas Herz ins Visier. Ich spannte den Bogen, der Schuss löste sich. Auf einmal fegte eine unerwartete Windhose über das Deck. Diese ließ nicht nur die Cocktailkarte vom Tresen fliegen, die Jessica unentschlossen wieder dorthin gestellt hatte, sondern sie gab auch meinem Pfeil einen Richtungswechsel. Anstatt in Ninas Herz zu landen, traf ich Jessica mit voller Wucht am rechten Arm! Ach du Scheiße! Ich hielt vor Schreck die Flügel nicht mehr in Bewegung und plumpste unsanft auf den Boden. Als ich wieder zu mir kam, sah ich Jessica, die der Karte hinterherlief. Als sie diese endlich aufheben konnte, stand vor ihr ein Mann in weißer Uniform.

„Der 1. Offizier", sagte ich zu mir selbst, denn er trug auf seiner Schulter drei Streifen. Charmant half er ihr auf und als sie sich in die Augen blickten, rief er:

„Jessi!"

„Sven?", fragte sie staunend.

Es folgt eine innige Umarmung, dann strahlten sie sich an.

Nina und Hans-Jörg unterhielten sich so angeregt, dass sie die Szene verpassten, aber ich sah Tim, der mit leicht gerunzelter Stirn hinübersah.

Jessi nahm wie selbstverständlich den 1. Offizier bei der Hand und zog ihn zum Tresen. Nun sahen auch die anderen zwei auf.

„Hey Leute, das ist Sven, wir kennen uns von früher, das ist ewig her und nun treffe ich ihn hier wieder und er ist unser 1. Offizier."

Artig begrüßten sich alle. Sven war erst seit zwei Wochen an Bord, vorher war er über zehn Jahre auf Frachtschiffen gefahren, wie er berichtete. Spontan lud er zu einer Brückenführung ein, der Termin müsste er aber noch genau vereinbart werden. Jessi hüpfte auf und ab vor Freude und selbst Tim lächelte mal, wenn auch gequält, wie es mir schien. Dann verabschiedete sich Sven, er müsste auf die Brücke, denn es käme Wind auf und er wollte nachsehen, ob der Kapitän seine Hilfe benötigte. Alle Gäste wären schon an Bord, Man würde eventuell früher ablegen. So geschah es dann auch. Morgen war Heiligabend und man würde in Arrecife anlegen, dem Hafen von Lanzarote. Die vier begaben sich gemeinsam ins Buffetrestaurant. Am Eingang stand ein großer Weihnachtsbaum, der gerade liebevoll mit Kugeln und Lametta von der Animationscrew geschmückt wurde. Nach dem Essen fielen alle aufgrund der langen Anreise müde ins Bett. Jessi kuschelte sich an Tims Schulter. Dieser studierte noch schnell das Weihnachtsprogramm für den nächsten Tag.

„Morgen Abend gibt es das große Gänsebuffet", berichtete er.

„Hm", gähnte Jessica müde.

Er gab ihr ein Kuss auf die Nasenspitze und fragte, bevor er das Licht löschte:

„Sven, unser 1. Offizier, kanntest du ihn damals eigentlich sehr gut?"

„Oh ja", seufzte Jessica und fuhr fort:

„Wir waren beide 17 und er war meine große Jugendliebe. Er war mein erster Mann, weißt du."

Tim sparte sich jeden Kommentar, löschte das Licht und drehte sich auf die Seite.

Mir stockte der Atem und ich hoffte nur zutiefst, dass dieser Pfeil keine Wirkung hatte. Amor würde ich darüber lieber erst mal nicht verständigen.

Der Tag des Heiligen Abends kam. Tim und Jessica waren mit Nina tagsüber mit einem Mietwagen unterwegs zu den

Feuerbergen. Als sie die Station erreicht hatten, wo man einen Ritt auf den Kamelen buchen konnte, ergriff Jessi liebevoll Tims Hand. Er drückte sie fest und sie wusste, dass auch er an die vergangene Reise dachte, als sie sich lieben lernten und einen wunderschönen, gemeinsamen Tag auf Lanzarote verbracht hatten. Der obligatorische Kamelritt gehörte damals auch dazu.

„Magst du auf einem Kamel reiten, Nina? Oder lieber oben ein Steak, gegrillt auf Vulkanfeuer, essen?", erkundigte sich Tim gut gelaunt.

„Die Kamele stinken", gab Jessi zu bedenken.

„Nicht mehr als meine Rinder", feixte Tim.

Jessi boxte ihm in die Seite. Sie betrachtete ihn von der Seite. Seine Leichtigkeit schien mit dieser Reise zurückzukehren. Sie freute sich.

„Igitt", sagte Nina", dann lieber ein gutes Stück Fleisch. So kehrten sie ganz oben auf der Bergspitze in das Lokal ein. Das Essen war von hervorragender Qualität, der Ausblick über die Vulkanlandschaft atemberaubend. Man kam sich fast vor wie auf einem anderen Planeten. Egal, wo man hinsah, nur Steine und Geröll. Keine Häuser, kein Meer, kein grünes Blatt.

„Wenn jetzt hier plötzlich Außerirdische landen würden, wäre ich nicht erstaunt", meinte Nina. Jessi nickte. Selbst Tim schaute ergriffen in die Landschaft. Nach dem Essen genossen sie noch einen Kaffee, Café cortado. Kaffee mit einem Schuss Milch, wie man ihn in Spanien gern trinkt. Danach fuhren sie mit dem Jeep zurück zum Hafen. Wieder an Bord legte sich der ganze Geist der Weihnacht über das Schiff mit dem roten Mund. Ich war fasziniert, es gab alles, was es auch an Weihnachten zu Hause gab. Nur eben keinen Schnee, sondern Sonne und ein wenig windiges Wetter. Am Abend fand das traditionelle Gänseessen in allen Restaurants statt. Die Crew trug lustige Weihnachtsmützen und sogar ein „echter" Weihnachtsmann spazierte durch die Bars mit seiner Rute und einem kleinen Sack mit Geschenken. Zur Kaffeezeit hatte es bereits nach Zimt geduftet und jetzt tranken viele Gäste Glühwein. Sven hielt ab und an für einen kurzen Schwatz bei Jessica an, aber meistens war er sehr beschäftigt. Ich sah ihre leuchtenden Augen in diesen Momenten und machte mir Sorgen. Tim, Jessica, Nina und Hans-Jörg hatten sich als Quartett gefunden. Jedoch gingen dann und wann auch mal die Männer ihrer Wege, während die Frauen andere Interessen verfolgten. Ich hatte noch keinen weiteren Pfeil abgeschossen, sondern wartete auf die perfekte Gelegenheit. Nach Lanzarote hatten wir die Inseln La Palma und La Gomera besucht. Auf La Palma bummelten Tim und Jessi allein durch die kleine Hafenstadt Santa Cruz de La Palma. Nina blieb zurück an Bord, denn sie fühlte sich angeblich nicht wohl. Ich denke, sie wollte, dass das Paar ein wenig Zeit für sich verbrachte, denn kaum waren Jessi und Tim von Bord, besuchte sie den Steppaerobic-Kurs und tobte sich auch danach noch an den Fitnessgeräten aus. Jessi wollte unbedingt den berühmten Papagei besuchen, der auf einem Balkon über einem Hotel wohnte. Angeblich konnte dieser alle Namen der Schiffe, die auf La Palma anlegten, rufen. Sie hatte davon im Internet gelesen, in der Kolumne der Kreuzfahrtautorin Brina Stein. Doch Jessi wurde enttäuscht. Das vermeintliche Hotel war eine Bar und der Papagei krächzte lediglich unschön. Immer wieder rief sie ihm den Schiffsnamen zu, es blieb bei dem elenden Gekreische. Tim amüsierte sich köstlich und meinte, man sollte eben nicht immer alles glauben, was ein Autor so schrieb, manche Sachen wären auch mal der Fantasie entsprungen. Um Jessi zu trösten, lud er sie in die Bar ein und spendierte einen spanischen Brandy. Schnell kamen sie mit dem Wirt ins Gespräch. Er sprach sehr gut Deutsch, da er früher einige Jahre in Deutschland ein Restaurant betrieben hatte. Er vertraute ihnen auch an, dass sie nicht die Einzigen gewesen waren, die den angeblich sprechenden Papagei in den letzten Monaten besucht hätten. Fast jeden Tag in der Saison kamen Gäste, die dann im Anschluss bei ihm einkehrten. Er war dieser Autorin sehr dankbar und hoffte, sie würde eines Tages auch mal persönlich vorbeikommen.

Tags drauf legten wir auf La Gomera an. Leider hatte das Wetter umgeschlagen, es schüttete wahre Regenmassen vom Himmel. So blieben alle an Bord und man pendelte zwischen dem Wellness-Bereich und den Restaurants hin und her.

Heute lagen wir im Hafen von Gran Canaria und das Wetter hatte sich wieder beruhigt. Die vier relaxten entspannt auf dem Pool-Deck. Jessi las in einem spannenden Liebesroman, der zum Teil in Schweden spielte. Er hieß „Zimtschnecken". Ich saß neben ihr auf dem Kopfteil der Liege und war von dem Buch ebenso fasziniert wie sie. An einer besonders spannenden Stelle klingelte plötzlich mein Handy. Es war der Boss! Obwohl Jessi mich weder hören noch sehen konnte, flog ich unwillig einige Meter weiter und setzte mich auf den Rand des Whirlpools.

„Ja, hallo", meldete ich mich mit möglichst forscher Stimme.

„Was heißt hier hallo", bellte der Chef in den Hörer und fuhr fort:

„Seit Tagen höre ich nichts von dir! Was ist los? Hast du schon einen Pfeil abgeschossen?".

„Äh, ja", gab ich zur Antwort.

„Und?", fragte er nach.

„Also, ähm, ja, der Pfeil, den ich geschossen habe, traf leider nicht Nina. Aber es ist alles gut."

„Haben Nina und Hans-Jörg sich jetzt verliebt?", wollte Amor wissen.

„Äh, nö, aber sie sind immer alle vier zusammen", gab ich zögerlich zu.

„Wen traf denn der Pfeil?", fragte er nach.

„Ja, ähm, Jessi, aber nur am Arm und dann erkannte sie in dem 1. Offizier ihre Jugendliebe wieder, dazu die Krise mit Tim, aber es ist alles in bester Ordnung, ich habe die Lage im Griff", erwiderte ich.

Amor schnaufte in den Hörer. Dann wollte er wissen:

„Warum schießt du nun nicht den zweiten Pfeil auf Nina?"

„Ich weiß auch nicht, ich bin wie blockiert", antwortete ich ehrlich.

„Okay", sagte er und fuhr fort:

„Ich kann in vier Tagen bei Euch sein, das ist der Silvesterabend und das Schiff wird im Hafen von Funchal auf Madeira liegen. Unternimm bloß nichts bis dahin, ich komme."

Ich versprach es. Amor hatte ohne einen Abschiedsgruß aufgelegt.

Die Tage bis zu seinem Eintreffen blieb ich immer in der Nähe unseres Quartetts. Es tat sich jedoch nichts Außergewöhnliches. Nach einem Seetag erreichten wir Agadir. Da Agadir selbst nicht sehr schön sein sollte, hatten die vier einen Ausflug nach Marrakesch gebucht. Dieser dauerte ganz zwölf Stunden, und Tim war schon genervt, als sie alle in den Bus stiegen. Da sie fast die Letzten waren, mussten sie hinten auf der Bank im Bus sitzen. Dann kam die meines Erachtens dickste Frau des ganzen Schiffes und verkündete: „Ich passe nicht in den Sitz, ich setze mich jetzt ganz hinten in die Mitte." Sie plumpste nieder und saß halb auf Tim. Entrüstet rappelte sich dieser unter ihr hervor und rief: „Hier kann ich nicht sitzen, da bekomme ich ja Platzangst." Die Frau warf ihm einen wütenden Blick zu. Die blonde

Reiseleiterin Anne eilte sofort herbei und nahm ihn mit in den vorderen Teil des Busses, neben ihr war noch ein Platz frei, um weitere Eskalationen zu verhindern. So ein Theater und das frühmorgens um 7 Uhr, das nervt ja sogar einen Engel! So fuhren sie also getrennt. Ich nutzte das aus und nahm den freien Platz neben Jessi ein. Sie schaute ganz traurig. Nina und Hans-Jörg saßen in der Reihe vor ihr. „Soll ich meinen Platz mit Tim tauschen?", bot Hans-Jörg freundlich an. Jessi schüttelte mit dem Kopf und starrte die ganze Fahrt, die insgesamt drei Stunden dauerte, nur schweigend aus dem Fenster. Die orientalische Schönheit Marrakeschs versöhnte sie zumindest dann wieder. Der Ausflug führte sie in die Koutoubia-Moschee und danach zum Bahia-Palast. Tim folgte Anne auf Schritt und Tritt. Jessi hatte schon im Bus beobachtet, dass sie sich gut unterhielten. „Vermutlich freust du dich, dass du nun da vorne sitzt", zischte sie ihm mit wütender Stimme zu. Er schüttelte nur den Kopf, sagte aber nichts. Der große Palast lenkte sie jedoch ab. Die kunstvollen Fliesen aus Marmor, die fantasievollen Mosaiken und Arabesken aus Stuck faszinierten sie. „Man fühlt sich wie in 1001 Nacht", meinte auch Nina. „Na, da seid ihr ja auch", gab Hans-Jörg zurück, „meine zwei wunderschönen Prinzessinnen." Jessi und Nina kicherten albern, Tim legte den Zeigefinger auf den Mund und machte: „Psst." Er wollte kein Wort von Anne verpassen, die über die Geschichte des Palastes erzählte. Das Mittagessen nahmen sie in der Medina ein, danach waren zwei Stunden Freizeit vorgesehen. Sie bummelten durch die Souks und Jessi und Nina kauften Unmengen an orientalischen Tüchern. Als sie wieder zum Bus zurückkehrten, hatte Anne die dicke Frau schon abgefangen, sie saß nun in der ersten Reihe und sie selbst nahm auf dem Reiseleitersitz Platz.

„Jetzt könnt Ihr zusammensitzen", meinte sie lächelnd. Anscheinend war ihr Jessis Unmut nicht entgangen. Endlich kehrten sie gegen 18 Uhr zurück an Bord. Sie aßen nur noch eine Kleinigkeit vom Buffet und fielen dann direkt ins Bett. Der lange Ausflug war doch sehr anstrengend gewesen und morgen wollte jeder wieder fit sein für die Party zum Jahresausklang.

Am Silvestermorgen landete Amor Punkt 13 Uhr auf dem Pool-Deck. Wir hatten gerade im Hafen festgemacht. Vor uns lag bereits ein weiteres Kreuzfahrtschiff, welches einen spitzen, blauen Bug hatte und über sehr viele Balkonkabinen verfügte. Ich nahm Amor in Empfang. Jedes Detail wollte er wissen. Ich berichtete über die Krise zwischen Tim und Jessica. Dann erzählte ich, dass Hans-Jörg und Nina viele gemeinsame Interessen hatten, aber aufgrund der Vergangenheit keiner einen Anfang wagte.

„Deshalb habe ich dich hierher entsandt", kommentierte er und ich nickte betreten. Er blickte in meinen Köcher und sah die zwei Pfeile.

„Heute Abend um Mitternacht ist deine letzte Chance, kleiner Engel, Morgen fliegen sie alle zurück nach Berlin, aber ich vertraue auf deine Fähigkeiten und stehe bildlich hinter dir."

Da Amor sich selbst ein Bild von der Lage machen wollte, begleiteten wir unsere Klienten, die gerade die Gangway hinuntergingen. Während Jessi, Tim und Nina beratschlagten, was sie jetzt unternehmen wollten, zog es Hans-Jörg zur Kaimauer. „Kommt mal rüber, hier sind ganz toll gemalte Wandbilder", rief er. An der Kaimauer angekommen, bestaunten auch die anderen die Zeichnungen.

„Darüber habe ich mal gelesen", berichtete er mit aufgeregter Stimme, „früher haben Segler, die zu einer Transatlantiktour nach Amerika aufbrachen, einen letzten Gruß mit ihrem Bild hinterlassen. So wurde ähnlich wie in einem Logbuch festgehalten, wer wann wohin aufgebrochen ist."

„Toll", meinte Nina. „Schau mal, unsere Reederei ist ja auch mit zahlreichen Bildern vertreten. Damals waren hier noch gar nicht so viele Bilder", bemerkte Jessi. „Die fotografiere ich jetzt mal alle", meinte Hans-Jörg. Tim zückte ebenfalls seine Kamera. Danach standen sie wieder alle unentschlossen am Kai.

„Kommt, wir nehmen ein Taxi zur Markthalle", schlug Tim vor, „Hans-Jörg kennt diese ja noch nicht und dann können wir danach oben in der schönen Bar einen Kaffee trinken." Amor und ich stiegen mit ins Taxi. Doch schon bald machte dieser mir Zeichen, dass wir zurück auf das Schiff fliegen würden. Wir wollten uns an Deck noch ein wenig ausruhen, denn heute Abend würde es sicher spät werden und speziell ich brauchte all meine Kraft. Als wir im Landeanflug waren, sahen wir, wie hinter unserem Schiff gerade ein drittes anlegte. Es war deutlich kleiner als unseres und das Blaue vor uns. „Noch ein Schiff", staunte ich begeistert. Es war weiß und hatte zwei orange Streifen, die rund um die kompletten Schiffsrumpf verliefen. „Schau mal die schönen Teak-Decks", meinte Amor.

Entspannt dösten wir in zwei Stühlen auf dem Sonnen-Deck, als plötzlich ein ziemlich aufgeregter Vogel, ein Spatz, neben uns landete. Er flüsterte Amor etwas ins Ohr und dieser flog sofort mit ihm aus. Als Amor allein zurückkehrte, verriet er mir jedoch nicht genau, was er gemacht hatte. Er murmelte nur etwas von einem neuen Auftrag auf dem Schiff, das hinter uns lag und, dass ich mich auf meinen eigenen Auftrag konzentrieren sollte. Die Brückenführung, die am frühen Abend gegen 18 Uhr auf unserem Schiff stattfand, verlief ruhig und sachlich. Es war eine Gruppe von 20 Personen und Jessica und Sven tauschten außer lieben Blicken keine Worte aus. Die eingeladenen Vielfahrer dominierten das Gespräch. Während Amor interessiert den nautischen Erläuterungen lauschte, beobachtete ich einen Mann, der hingebungsvoll die maritimen Bilder auf der Kaimauer fotografierte. Und das, obwohl die Sonne immer noch unbarmherzig vom Himmel strahlte. Verschwitzt nahm er danach auf einem der Poller Platz. Kurze Zeit später entnahm er etwas seiner Tasche, trat erneut auf die Mauer zu und es schien mir, als würde er mit einem Gegenstand an einem der Bilder kratzen. Ich wollte es gerade Amor sagen, doch dieser machte mir ein Zeichen, dass ich ruhig sein sollte, es schien, als ob er kein Wort des Kapitäns verpassen wollte. Als ich kurze Zeit später wieder hinunterschaute, war der Mann weg.

Kurz vor Mitternacht war der Himmel über Funchal hell erleuchtet. Unsere vier standen bereits erwartungsvoll mit gefüllten Sektgläsern an der Reling. Gegen 23 Uhr 30 kam plötzlich dieser Spatz wieder aufgeregt schnatternd angeflogen. Amor nahm mir den Bogen aus der Hand, griff in den Köcher und meinte: „Ich bin gleich zurück." Nervös wartete ich, er kehrte glücklicherweise schon nach knapp fünfzehn Minuten zurück. „Jetzt habe ich nur noch einen einzigen Pfeil", jammerte ich anklagend. „Du schaffst das, kleiner Engel", gab Amor seelenruhig zur Antwort. Um 23 Uhr 56 schoss ich meinen Pfeil. Er flog hinauf in den Himmel und sollte dann im Einfallswinkel – schlau von mir berechnet – direkt in Ninas Herz treffen. Jedoch hatte ich keine verfrühten Raketen am Silvesterhimmel bedacht. Eine solche spaltete den Pfeil in zwei Hälften und nun schossen zwei halbe Pfeile mit nicht kalkuliertem Kurs auf das Schiff zu. Ich hielt gespannt und ängstlich den Atem an. Ich traute mich nicht, mich zu Amor umzudrehen, der dicht hinter mir stand und mir tröstend den rechten Flügel auf die Schulter gelegt hatte. Um Punkt Mitternacht traf die eine Hälfte des Pfeils direkt in Tims, die andere in Hans-Jörgs Herz. Ich atmete auf. Glück gehabt! Tim küsste Jessi liebevoll und sogar stürmisch, wie ich es noch nicht gesehen hatte. Amor und ich flogen näher, um die gesprochenen Worte zu hören.

„Ich war wohl ein wenig brummig in letzter Zeit", begann Tim zögernd und fuhr fort:

„Tut mir leid, aber, aber diese Schiffe mit so vielen Menschen sind nicht wirklich meins. Dein 1. Offizier hat mir auch zu schaffen gemacht, liebst du ihn noch?"

„Dummkopf", antwortete Jessi und schlang ihre Arme um Tim:

„Er hat mich damals nach einem halben Jahr wegen einer anderen verlassen, aber den ersten Mann vergisst man doch nie, oder?"

Tim drückte Jessi liebevoll und sagte:

„Ich liebe das Meer und Schiffe so wie du. Lass uns im nächsten Jahr beruflich eine Auszeit nehmen. Wir brauchen Zeit für uns, denn die Liebe ist wichtig. Wir reisen mit einem Schiff einmal um die Welt, wenn du willst. Dann aber bitte ein kleineres Schiff und nur du und ich. Ich wünsche dir ein frohes, neues Jahr."

Mehr konnte er in den nächsten Minuten nicht sagen, Jessica küsste und küsste ihn, er würde ihren geheimen Lebenstraum erfüllen.

Auch bei Nina sah es prächtig aus, nachdem der Pfeil Hans-Jörgs Herz getroffen hatte, nahm er sich, verschlossen wie er war, ein Herz und küsste die überraschte Nina um Mitternacht mitten auf den Mund.

„Endlich", sagte sie und fuhr fort:

„Ich habe auf so ein Zeichen von dir gewartet. Gutes neues Jahr übrigens."

Hans-Jörg schloss sie innig in seine Arme. Nachdem die Stadt ihr Feuerwerk beendet hatte, begann auf den insgesamt fünf anderen Kreuzfahrtschiffen, die teils im Hafen, teils auf Reede lagen, deren eigenes. Es war wie ein Zauber, dieses Lichtermeer, welches bis weit nach 1 Uhr morgens den Himmel über Madeira erhellte.

Amor und ich flogen in Herzformen über das Deck. Wie schade, dass unser Quartett uns nicht sehen konnte. Sie küssten sich immer wieder und wir spürten unendlich viel Liebe. Außer Atem landeten wir danach auf einem Liegestuhl.

„Alles ist gut, kleiner Engel", meinte Amor und setzte nach:

„Dieses Mal hast du dich wirklich übertroffen und hättest mich gar nicht wirklich gebraucht."

Stolz nahm ich sein Lob entgegen. Ich hatte es geschafft. Ich blickte zu Jessica und Tim, die immer noch Arm in Arm an der Reling standen.

Dann zwinkerte ich Amor zu:

„Ich glaube, es kann trotzdem nicht schaden bei ihrer geplanten Weltreise mal kurz vorbeizuschauen, man weiß ja nie."

Als Antwort erntete ich ein lautes und wie mir schien zustimmendes Lachen von dem großen Amor. Jessica lag mir eben nach wie vor besonders am Herzen. Als Ruhe einkehrte, erzählte Amor mir auch endlich die Geschichte von dem Spatz und seinem spontanen Auftrag auf dem Nachbarschiff.

Kreuzzug ins Glück?

Paul und ich standen nach langen Jahren wieder einmal auf dem Bahnhof von Westerland. Heute sollte endlich die große Reise beginnen. Die Nord-Ostsee-Bahn würde uns nach Hamburg transportieren, von dort war es nur ein Katzensprung zum Cruise Terminal. Ein lang ersehnter Traum würde bald wahr werden: Silvester mit Feuerwerk! Um uns nicht gleich zu Beginn zu sehr zu verausgaben, hatten wir die, wie wir dachten, entspannte Bahnanreise gewählt. Wir sind Sylter, na ja, nicht echte, aber Wahlsylter seit mehr als dreißig Jahren. 25 davon *lebten* wir wirklich auf der Insel, seit 5 Jahren als Geister. Paul bekam damals eine Kurve in der Braderuper Heide nicht und wir prallten gegen einen Baum. Wir waren sofort tot, doch plötzlich saßen wir nach der Beerdigung wieder in „unserem Haus", welches sich 54 Grad Nord und 8 Grad Ost befand. Nur eben als Geister. Eigentlich war das ein schönes „Leben", denn wir waren immer noch dabei. „Unser" Haus Erwin, ein altes Kapitänshaus im Herzen von Westerland, nur 200 Meter vom Strand entfernt und mit acht individuell gestalteten Themenzimmern liebevoll restauriert, führte der Nachbesitzer sorgsam und nach unserer Philosophie weiter. So hast du auf Sylt noch nie Urlaub gemacht! Was kann man sich mehr wünschen? Die Nachbesitzer waren uns wie Kinder ans Herz gewachsen. „Echte" Kinder hätten vielleicht sogar anders entschieden. Wir „lebten" seitdem in der unbewohnten

Dachkammer und nahmen nach wie vor am Leben im Haus teil. Letztes Jahr am Silvesterabend, als wir um Mitternacht auf dem Dachfirst, unserem Lieblingsplatz, saßen und auf das nächtliche Meer im Mondschein schauten, sagte Paul zu mir:

„Wäre es jetzt nicht toll, ein Feuerwerk zu sehen? So wie ganz früher? Das würde ich mir noch einmal wünschen, so was mit dir zu erleben, Schatz."

Ich heiße übrigens Erwin und höre seit unzähligen Jahren auf den Namen „Schatz". Paul und ich verliebten uns zu einer Zeit, als Liebe zwischen gleichgeschlechtlichen Partnern noch als verpönt galt. Wir flohen aus Hamburg auf die Insel Sylt und fanden neben einem neuen Heim auch unsere Anerkennung. Die Pension entwickelte sich bald zu einer Pilgerstätte für Promis, unser legendäres Freitagnachmittagessen in 3-Gang-Form wurde zum Kult.

Im Sommer legten immer wieder Kreuzfahrtschiffe auf Sylt an. Viele lagen auf Reede vor List, aber das eine oder andere ankerte auch vor Rantum. An einem Nachmittag im Monat August sichtete ich mit einem Fernglas wieder ein Schiff vom Dach aus. Es war ein kleineres Kreuzfahrtschiff mit einem orangen Schornstein. Da fielen mir Pauls Worte an Silvester wieder ein. Ich flog zum Schiff hinüber und landete auf dem Außendeck. Ohne Probleme konnte ich mich an Bord bewegen, denn wir Geister sind nur für Tiere oder Kinder sichtbar. Beides sah ich weit und breit nicht, was ich als positives Zeichen empfand. Ich erreichte die Rezeption. Dort sah ich einen Katalog, der die nächsten Reisen ankündigte. Da ich mich unbeobachtet fühlte, begann ich in ihm zu blättern. Ich wurde schnell fündig. Genau dieses Schiff würde am 21. Dezember von Hamburg aus in Richtung Süden starten. In der Silvesternacht würde es vor der Insel Madeira ankern. Danach ging es nach Hamburg zurück. Die Bilder, die ich im Katalog vom Feuerwerk sah, überzeugten mich sofort. Das würde ganz nach Pauls Geschmack sein. Außerdem las ich voller Freude, dass das Konzept der Reederei nicht unbedingt für Kinder geeignet war, denn sie boten keine Betreuung an. Tiere mitzunehmen war auch nicht erlaubt. Erfreut verließ ich die Rezeption und flog zu unserem Haus nach Westerland. Ich fand Paul in der Dachkammer und berichtete mit aufgeregter Stimme von meinen Entdeckungen.

Paul freute sich, gab aber zu bedenken: „Ist so eine Kreuzfahrt nicht sehr teuer?"

Ich lächelte und nahm meinen Mann in den Arm. Dann sagte ich: „Paul, wir sind doch Geister, wir reisen umsonst mit."

Er lachte und meinte: „Natürlich, manchmal vergesse ich das glatt. Ob wir eine leere Kabine für uns finden, in der wir wie hier in der Dachkammer hausen können?

Ich versicherte es und Paul begann sich wie ein kleines Kind auf das Feuerwerk auf Madeira zu freuen, er hüpfte auf und ab in unserem Zimmer und drückte mich immer wieder herzlich.

Endlich saßen wir in der Bahn, die leider total überfüllt war. Wir hatten oben im Gepäcknetz Platz genommen. Am Bahnhof Keitum stieg eine Familie mit einem kleinen Jungen von vielleicht fünf Jahren ein. Immer wieder sah dieser zu uns hinauf. Paul winkte ihm auch noch zu, er war schon im Leben sehr kinderfreundlich gewesen. Es kam wie es kommen musste, der Junge, wir waren gerade erst mitten auf dem Hindenburgdamm, fragte seine Mutter, ob er nicht da oben im Gepäcknetz sitzen dürfte wie die beiden alten Männer. Seine Mutter blickte hinauf, schüttelte den Kopf über die Fantasie ihres Sohnes und kramte in ihrer Tasche nach einem Malbuch, denn sie meinte, in seinen

Äußerungen einen Anflug von langer Weile zu erkennen. Er malte dann auch, aber anstatt die vorgegebenen netten Tiere auszumalen, zeichnete er uns! Der Vater blickte von seiner Zeitung auf, in die er sich vertieft hatte und blickte auf zwei Geister, kindlich skizziert, die auf einem Brett saßen. „Na, hat Mama dir wieder zu viel Hui Buh vorgelesen?", meinte er und las weiter in seiner Zeitung. „Nö", antwortete dieser mit forscher Kinderstimme, „ich mal nur, was ich sehe. Und da sitzen nun mal zwei Geister im Gepäcknetz, sie haben sogar Koffer dabei, bestimmt gehen sie mit uns auf Kreuzfahrt. Aber wenn ihr das nicht seht." Paul klatschte sich vor Lachen auf die Schenkel, ich hielt vor Schreck inne. ‚Kinder an Bord', dachte ich, ‚wie kann das sein?' Die Antwort kam wenige Minuten später.

„Papi?", fragte der Junge, der immer noch eifrig malte.

„Hm", brummte der Mann.

„Darf ich auch mal dein Büro auf der Brücke des Kreuzfahrtschiffs sehen?", wollte der Kleine wissen.

„Natürlich, normal dürfen Passagiere nur mit Genehmigung dorthin, aber du bist der Sohn des Kapitäns, das ist doch dann klar", gab der Mann zur Antwort. Der Kleine strahlte und begann ein Schiff zu malen. Ich fasste es nicht, wir reisten hier in der Regionalbahn an und hatten vermutlich schon den Kapitän und seine Familie „kennengelernt". Und der kam von Sylt! Selbst Paul schwieg ergriffen und drückte meine Hand.

Im Hamburger Hauptbahnhof folgten wir der Familie auf Schritt und Tritt und fuhren schließlich im Taxi ihres Kofferraums mit zum Hafen. Zum Glück hatte der Junge, der, wie wir inzwischen wussten, Frederic hieß, nichts bemerkt. Beim ersten Anblick des Schiffes im Hamburger Cruise Terminal stieß Paul einen lauten Pfiff aus. Es sah aber auch so beeindruckend aus. Stolz, weiß und unendlich groß wirkte es auf uns. Über seine ganze Länge war an Deck eine bunte Fahnenkette zur Begrüßung gespannt. Vor lauter Begeisterung hatte ich Paul aus den Augen verloren und sah gerade noch rechtzeitig, wie er unser Gepäck an den allgemeinen Abladeplatz stellte.

„Was machst du denn da?", fragte ich ihn kopfschüttelnd und ergänzte: „Die können unsere Koffer doch nicht sehen." Paul schlug sich vor die Stirn und begann zu lachen. So gingen wir ganz „normal" an Bord und schleppten unsere Koffer selbst, nicht mal das professionelle Check-in-Durchleuchtungssystem sah uns. Dafür der kleine Frederic, der wichtig zu seiner Mutter sagte: „Geister können so passieren, warum muss Papa als Kapitän sich denn durchleuchten lassen?" Ihre Antwort war ein kurzes Streicheln über seinen Kopf. Die Suche nach einer freien Kabine gestaltete sich schwieriger als gedacht. Die ersten Stunden verbrachten wir wartend an der Rezeption. Sogar das Ablegen verpassten wir. Das Vorgehen hatte ich vorgeschlagen, denn ich erhoffte mir hier entsprechende Informationen über freie Kabinen an Bord zu erhalten. Schon nach einer halben Stunde war klar, dass das Schiff vollständig ausgebucht war, denn eine ältere Dame, die ihre Kabine tauschen wollte, da sie nicht damit zurechtkam, dass das Bett in ihrer Einzelkabine links an der Wand anstatt wie zu Hause rechts stand, erhielt diese Information. Paul sah schon ganz verzweifelt aus, niedergeschlagen saß er auf unseren Koffern. Ich ging zu ihm, drückte ihn und versprach, dass wir eine Lösung finden würden. Als wir in Höhe von Blankenese waren, begann die offizielle Seenotrettungsübung und es wurde ruhiger an der Rezeption. Als ich mich kurz nach Paul umsah, stellte ich fest, dass er nicht mehr auf unseren Koffern saß. Ich blickte mich suchend um und entdeckte ihn über mir. Er saß weit oben auf einem Holzbrett. In dieses waren vier Schiffsuhren montiert, die unterschiedliche Zeitzonen der Erde zeigten. Momentan schien er sich prächtig mit der „Berlin"-Uhr zu unterhalten. Als er meinen suchenden Blick zu spüren schien, drehte er sich um und zwinkerte mir zu, was so viel hieß wie „erzähle ich dir später". Wir hatten eben unsere eigene Sprache in all den Jahren entwickelt. Nach einer ganzen Weile des Wartens trat die Chefin vom House-Keeping an den Tisch der Rezeption. „Sind alle neuen Crewmitglieder angereist?", fragte sie die Rezeptionistin. Ich hielt die Luft an und sah hoch zu Paul. Er drückte beide Daumen. „Ja, ach nein, der zweite Maître fällt krankheitsbedingt aus. Einzelkabine 306." Die Antwort hörten wir nicht mehr, denn wir waren schon auf dem Weg zum Bug steuerbords, wo die Kabine liegen musste. Der Gang endete mit der Kabine 304 und wir standen vor einer Tür auf der „Crew only" stand. Ich hatte eine Eingebung und zog Paul hindurch. Gleich hinter der Tür fanden wir rechts die gesuchte Kabine. Wir traten ein und befanden uns in einer wirklich kleinen, schmutzigen Kabine mit einem winzigen Bad. Doch das war uns egal, wir waren angekommen in unserem neuen Heim für die nächsten zwanzig Tage. Schnell flogen wir an Deck, denn wir befanden uns, wie ich mit Blick aus dem kleinen Bullauge feststellte, kurz vor dem Willkomm-Höft. Das ist der Ort an der Elbe, wo jedes Schiff über 1.000 GT mit seiner Nationalhymne verabschiedet wurde. Wir kannten das Spektakel noch aus unseren alten Hamburger Zeiten und freuten uns, dies heute vom Wasser aus „erleben" zu dürfen. Während die ergreifende Nationalhymne der Bahamas gespielt wurde, sah ich im Wasser eine Möwe auf einem Holzpfeiler sitzen, die uns mit einem traurigen Blick winkte. „Komm doch mit", rief ich ihr spontan zu. Sie schüttelte den Schnabel und gab zur Antwort: „Geht leider nicht, ich warte hier auf meinen Kumpel Spatzl, eines Tages muss er doch aus Amerika zurückkommen." Ich nickte verständnisvoll, derart tiefe Freundschaften beeindrucken mich immer sehr.

Die kommenden sechs Tage bis nach Madeira gestalteten sich leider alles andere als entspannend. Im Ärmelkanal erwartete uns Windstärke 8 und der Anlauf von Amsterdam musste gestrichen werden. Das Schiff konnte aufgrund der hohen Wellen nicht in den Kanal einfahren. Der Seegang steigerte sich bis zum Golf von Biskaya auf Stärke 9. Mir machten das starke Schwanken und die Bewegungen des Schiffes nichts aus, doch Paul vertrug es gar nicht. Wenn wir nicht gerade im Hafen lagen, saß mein Mann schlapp auf dem Bett. Sein Gesicht war von steter grüner Farbe und im Stundenrhythmus riss er die Tür zum Bad auf und übergab sich. „Dieser Seegang bringt mich um", rief er stets, wenn er aus dem Bad wieder in die Kabine schlich. Ich war heilfroh, als wir Lissabon erreichten, wo wir zwei Tage vor Anker liegen würden und bereits als wir in die Tejomündung einbogen und die See deutlich ruhiger wurde, wich die grüne Farbe aus Pauls Gesicht. Ich setzte mich zu ihm auf das Bett, drückte ihn und sagte optimistisch: „So, nun haben wir 48 Stunden Ruhe und können die Stadt erkunden." Paul schaute aus dem Bullauge und meinte: „Ja, die See wird ruhiger, aber ein bisschen Wellengeflüster ist noch da." Paul erholte sich noch eine Stunde und dann brachen wir auf. Während Paul die Kabine in den letzten Tagen kaum verlassen hatte, war ich nicht untätig gewesen, sondern hatte mich intensiv über die Stadt Lissabon informiert. Auf der Vorstellung der Landausflüge war das Denkmal von Heinrich dem Seefahrer erwähnt worden. Es war 52 Meter hoch und wurde 1960 fertiggestellt. Er hielt ein Schiff in seinen Händen und sein Blick glitt über den Fluss. An seiner Seite standen aufgereiht 30 wichtige portugiesische Persönlichkeiten. Das hatte mich fasziniert und so machten wir uns auf den Weg. Zunächst flogen wir unter der Brücke des 23. Aprils hindurch. „Die Autos surren wie Bienen", rief Paul aufgeregt, als wir die Brücke passiert hatten. Ich stimmte zu und freute mich, es schien ihm deutlich besser zu gehen. Am Denkmal angekommen mussten wir erst mal ein wenig ausruhen. Die Flugstrecke war doch länger als erwartet gewesen. Wir setzten uns ganz oben auf die Spitze und blickten andächtig auf Heinrich und sein Gefolge hinunter. Zu dieser frühen Morgenstunde waren wir alleine dort, als plötzlich ein Taxi an der Straße hielt. Zwei Menschen kletterten aus dem Fahrzeug und ich hielt die Luft an, denn es war der Kapitän mit seiner Frau. Der kleine Frederic war jedoch nicht zu sehen. Kaum, dass sie ausgestiegen waren, begannen sie sich zu streiten, ich erkannte es an den aufgeregten Gesten ihrer Hände und als sie näherkamen, wurden wir auch Zeuge ihrer lautstarken Worte. Zielstrebig näherten sie sich dem Denkmal. Die Frau hielt ihre Arme vor dem Körper verschränkt, der Kapitän gestikulierte weiter aufgeregt. Der Inhalt ihres Streites war unschön. Sie besprachen im wesentlichen ihre Trennung. Die Frau sagte, sie können seine monatlichen Abwesenheiten nicht mehr ertragen. Sie, die dann alleine mit dem Kind auf Sylt saß, fühlte sich unendlich einsam und allein gelassen. Er verstand das nicht, denn sie hatte doch einen Seemann geheiratet und gewusst, worauf sie sich eingelassen hatte. Weihnachten an Bord war dann auch nicht wie gewünscht verlaufen, denn aufgrund der hohen Windstärken hatte der Kapitän mehr Präsenz auf der Brücke als sonst zeigen müssen. „Paul", rief ich aus, „wir haben Weihnachten vergessen!" „Stimmt", gab er zu, „wir waren so mit meiner Unpässlichkeit beschäftigt, dass wir es nicht bemerkt haben." Wir küssten uns innig, im Gegensatz zu unserem Paar, das gerade festlegte, sich nach dieser Reise für immer zu trennen. „Wann sagen wir es Frederic?", wollte die Frau wissen. „Auf keinen Fall vor Silvester", meinte er, „dazu bleibt auf der Rückreise noch genug Zeit." Die Frau begann zu weinen und Paul und ich stimmten mit ein, selbst als Geister waren wir so sensibel für die Gefühle der Menschen geblieben wie früher im Leben. Ich machte Paul ein Zeichen und wir flogen zurück zum Schiff.

Ratlos und erschüttert saßen wir in unserer Kabine. „Erwin", meinte Paul, „wir müssen etwas tun, der Kleine tut mir so leid. Er hängt doch so an seinem Vater." Ich nickte und gab zur Antwort: „Das ist richtig, Paul, doch wir sind keine Engel, wir können froh sein, als Geister auf dieser Welt zu sein, doch in irdische Ereignisse können wir nicht eingreifen." Paul begann erneut hemmungslos zu schluchzen, ich tröstete ihn liebevoll. Als wir am Nachmittag einen Spaziergang an Deck unternahmen, trafen wir plötzlich und unerwartet auf Frederic, der an dem großen Pool mit kleinen Modellschiffen spielte. Er erkannte uns sofort. „Ihr seid doch die aus dem Zug aus dem Gepäcknetz. Wo ward ihr denn die ganze Zeit?", brabbelte der Kleine munter los. Pauls Herz ging sofort auf. „Ich war seekrank, da waren wir die meiste Zeit in der Kabine, hat dich denn das Schwanken des Schiffes nicht gestört?" „Nö", antwortete Frederic, „ich bin seefest und wenn ich groß bin, dann werde ich Kapitän, so wie mein Papa!" Paul und ich warfen uns einen bedeutsamen Blick zu. „Wo sind denn deine Eltern?", fragte Paul. „An Land, was besprechen", meinte dieser und fuhr fort: „Oh, mein Frachtschiff hat sich zu weit vom Hafen entfernt." Tatsächlich war eins der Spielzeugschiffe beträchtlich vom Beckenrand abgetrieben. Frederic angelte danach und beugte sich weit vor. Noch ehe wir reagieren konnten, war er in den Pool gefallen. Paul sprang sofort hinterher, doch wir waren Geister und er hatte keine Kraft, den Jungen herauszuziehen, der, wie ich jetzt bemerkte, nicht schwimmen konnte, denn er tauchte nicht wieder auf. Als Paul prustend wieder zum Vorschein kam, rief er laut um Hilfe. Doch uns hörte ja niemand! Frederic war immer noch unter Wasser und wir konnten nur tatenlos zusehen, schrien aber wie verrückt um Hilfe. Auf einmal nahte ein Vogel aus der Luft, erkannte die Situation und veranstaltete ein derartiges Geschrei, dass der Deck-Steward, der gerade einige Drinks auf seinem Tablett am Pool vorbeitrug, aufmerksam wurde. Er ließ sofort sein Tablett fallen, sprang vollbekleidet in den Pool und beförderte Frederic nach einigen Sekunden an die Wasseroberfläche. Der Junge war ohnmächtig, doch er schien noch zu atmen. Dann ging alles sehr schnell. Gäste, die gerade auf das Deck traten, verständigten die Schiffsleitung. Der Bordarzt eilte herbei und mit einer professionellen Mund-zu-Mund-Beatmung kam das Kind wieder zu sich. Es spuckte unendlich viel Wasser aus, aber es lebte! Wir atmeten auf. Mittels einer Trage wurde Frederic ins Bord-Hospital befördert. Paul und ich saßen total geschockt am Beckenrand. Der Vogel, der Retter in der Not, gesellte sich zu uns. Zutraulich setzte er sich auf mein Knie und meinte sichtlich erschöpft von seiner Leistung:

„Das ist ja gerade noch mal gut gegangen." Sanft berührte ich sein Gefieder und meinte:

„Du bist ein Held, Kleiner, wie heißt du denn? Ich bin Erwin und mein Mann heißt Paul. Wir sind Geister und nur Tiere oder Kinder können uns sehen und hören."

„Hey, toll", gab der Vogel zur Antwort „echte Geister habe ich bisher noch nie kennengelernt. Ich heiße Spatzl."

Ich schaltete als Erster und meinte: „Kommst du zufällig aus Hamburg?"

„Ja", bestätigte der Spatz, „das hört man wohl an meinem Dialekt?"

Es gibt Zufälle im Leben, die kann man kaum glauben! Ich erzählte Spatzl nun von unserer Ausfahrt in Hamburg und von der Möwe, die vermutlich immer noch auf dem Pfahl am Willkomm-Höft saß und auf ihn wartete. Spatzl wurde richtig aufgeregt und erklärte uns, dass dies nur sein Freund

Jonathan sein konnte. Er war vor einigen Monaten, wie lange konnte er nicht einschätzen, mit einem Schiff nach New York gereist, da es sein Traum gewesen war, einmal die Freiheitsstatue zu umkreisen. Jonathan hatte damals das Schiff ausgekundschaftet, welches direkt von Hamburg nach New York fuhr. Leider kam es in der Stadt seiner Träume zu einem unschönen Ereignis, welches er nicht näher ausführte. Er bestieg dann ein Schiff namens „Hamburg", welches jedoch nicht nach Norddeutschland zurück, sondern in die Karibik fuhr. Eine Zeit lang cruiste er zwischen den Karibischen Inseln hin und her und war glücklich. Doch dann sehnte er sich in die Heimat zurück und natürlich nach Jonathan. Er hatte sorgsam recherchiert und ein Kreuzfahrtschiff ausfindig gemacht, welches die Transatlantiktour von der Karibik aus über die Kapverdischen Inseln mit einigen Stopps an Europas Westküste bis nach Hamburg machen würde. Leider hatte das Schiff auf der Überfahrt einen Maschinenschaden erlitten und kam mit letzter Kraft bis Lissabon. Nun lag es in der Werft und es war fraglich, wann es weiterfahren konnte. Spatzl hing hier seit drei Wochen fest. Interessiert hatten wir seinem Bericht gelauscht. Ein Spatz auf Kreuzfahrt, ich war fasziniert, und noch dazu ein so mutiger.

„Wir fahren jetzt zum Silvesterfeuerwerk nach Madeira und dann geht es innerhalb von nur wenigen Tagen nach Hamburg zurück, bleib doch an Bord", meinte Paul.

„Genau", rief ich, „und dann bringen wir dich sozusagen zu Jonathan zurück!" Ich hatte nie gesehen, dass Vögel lächeln konnten, doch dieser kleine Spatz konnte es.

„Super", antwortete er mit glücklicher Stimme, „und Silvester feiern wir zusammen, ja?"

Paul und ich bestätigten dies nur zu gern.

„Nun müssen wir nur noch diese andere Sache irgendwie positiv beeinflussen", sagte mein Mann, „dann wäre das wirklich ein gelungener Kreuzzug."

„Paul", erwiderte ich kopfschüttelnd, „Kreuzzüge im geschichtlichen Sinne waren religiöse Kriege mit wirtschaftlichem Hintergrund im 13. Jahrhundert, die im Übrigen selten erfolgreich verliefen."

„Das weiß ich", antwortete Paul, „aber wir haben uns auf Kreuzfahrt begeben, Frederic im Zug kennengelernt und nun geht es um eine Ehe, die es zu retten gilt, die bestimmt mal in einer Kirche, wenn nicht sogar auf Sylt, in St. Severin, geschlossen wurde. Ich betrachte unsere Mission jetzt als Kreuzzug und es wird der Erste sein, der erfolgreich verlaufen wird. Ein Happy End zum Jahresausklang." Spatzl zwitscherte aufgeregt. Da konnte auch ich nun nichts mehr entgegnen, mein Paul war schon im Leben der emotionalere Part gewesen. Allerdings bezweifelte ich nach den Worten an der Statue ein glückliches Ende für das Kapitänspaar. Ich war zudem froh, dass Paul sich anscheinend keine Gedanken mehr über die kommenden zwei Seetage bis Madeira machte. Der Seegang würde sicher nicht weg sein, wenn unser Schiff den Tejo wieder verlassen hatte und auf das offene Meer fuhr.

Ich hatte mich umsonst gesorgt. An den folgenden zwei Seetagen hatten wir so gut wie keinen Seegang. „Marke Ententeich", bezeichnete Spatzl fachmännisch das Meer und behauptete, diesen Ausdruck von einem sehr legendären Kapitän erlernt zu haben, den er auf einer seiner zahlreichen Kreuzfahrten in der Karibik gesehen und beobachtet hatte. Wir verbrachten gemeinsam eine wunderbare Zeit an Bord. Nur das Kapitänspaar machte uns Sorgen. Zwar hatte dieses sich nach seiner Rückkehr sehr erschrocken, als sie Frederic auf der Krankenstation vorgefunden hatte, doch es schien sie nicht genug zusammenzuschweißen. Immer, wenn sie sich alleine wähnten, sprachen sie über die bevorstehende Trennung. Paul und ich wechselten uns in der Überwachung den ganzen Tag ab. Am Silvestermorgen durfte Frederic endlich die Krankenstation verlassen. Gegen 14 Uhr erreichten wir den Hafen von Funchal und machten als drittes Kreuzfahrtschiff an der Pier fest. Ganz vorn lag ein großes, blaues Schiff mit einem weißen Schornstein, welcher mit einem roten Zeichen geschmückt war, dass wie ein Lächeln aussah. Dahinter hatte gerade kurz vor uns, die Leinen waren noch nicht alle komplett vertäut, ein ebenso großes, weißes Schiff angelegt. An seinem Heck erkannte ich einen großen Außenbereich mit gelb-weißen Schirmen. Unser Schiff war deutlich kleiner als die zwei und man bekam eher den Eindruck, in einem Rettungsboot zu sitzen. Ich machte Paul auf die hübschen Zeichnungen von Schiffen an der sonst tristen Wand des Hafenbeckens aufmerksam.

„Schön, staunte er, was die wohl zu bedeuten haben?"

Ich zuckte ratlos mit den Schultern.

Frederic verließ schon kurz nach dem Anlegen mit seinen Eltern das Schiff. Zu seiner Genesung hatten sie ihm einen Ausflug mit dem legendären Korbschlitten versprochen. Paul und ich lagen in den zumeist unbenutzten Sonnenstühlen und dösten vor uns hin. Spatzl war nach Ankunft unseres Schiffes davongeflogen, er wollte sich ein wenig umsehen. Auf einmal kehrte er für uns, sehr überraschend, mit lautstarkem Gezwitscher zurück. Paul und ich klappten müde ein Auge auf. Neben ihm schwebte ein Engel!

„Sind wir nun wirklich tot?", fragte ich Paul.

Dieser zuckte hilflos mit den Schultern.

„Blödsinn", meinte Spatzl, „ihr lebt. Da brachen wir in ein großes Gelächter aus.

„Psst", machte der Vogel, „das hier ist der ehrwürdige Amor, der Gott der Liebe. Ich habe ihn auf dem Schiff kennengelernt, welches vor uns liegt. Das mit dem schönen, roten Kussmund. Er hat nebenan einen Auftrag mit seinem Gehilfen zu erledigen und er hat Liebespfeile in seinem Köcher. Trifft sein Pfeil nur eine der auserwählten Personen, ist das Serum so stark, dass der Getroffene die andere Person in seinen Bann ziehen kann, dass diese sich auch verliebt. Das klappt auch bei ehemals Verliebten, hat Amor mir zugesichert."

Paul und ich wechselten einen ungläubigen Blick. Ich fand diese Geschichte einfach unglaublich, wie so vieles auf dieser Reise. Amor surrte in der Luft mit seinen Flügeln und lächelte. „Versuchen wir es, wir haben nichts zu verlieren", beschloss ich nach einer Weile. Gegen 18 Uhr beobachteten wir, wie ein Taxi auf der Pier vorfuhr. Frederic kehrte mit seinen Eltern zurück an Bord. Die Familie war kaum ausgestiegen, als sich auch schon ein Mann in das Taxi auf den Beifahrersitz warf und die Tür zuknallte.

„Der hat es aber eilig", staunte Paul.

„Vielleicht hat er etwas in der Stadt vergessen", meinte ich.

„Nö", wusste Spatzl zu berichten, „der ist mit dem ersten Tenderboot von dem Riesenkreuzfahrtschiff gekommen, welches um 17 Uhr auf Reede ging und seitdem lungerte er vor der Kaimauer rum."

Schließlich kam der Abend. Wir drei waren sehr nervös. Der Kapitän absolvierte sein Kapitänsdinner ohne die Familie, denn heute waren natürlich die Stammgäste der Reederei an erster Stelle. Die Frau und Frederic aßen im Buffetrestaurant. Obwohl der Kleine bis Mitternacht aufbleiben wollte, fielen ihm um 22 Uhr schon die Augen zu. Sie brachte ihn ins Bett und wartete, bis er fest eingeschlafen war. Dann gesellte sie sich zu ihrem Mann auf die Brücke. Spatzl flog los, um Amor zu suchen. Das Paar war gerade alleine auf der Brücke, denn der wachhabende Bootsmann holte sich einen Kaffee aus der Crewmesse. Es war eine halbe Stunde vor Mitternacht. „Ich dachte, wir können wenigstens das letzte Silvesterfeuerwerk gemeinsam anschauen", meinte die Frau mit trauriger Stimme. Der Kapitän nickte. Gemeinsam traten sie auf die Nock und sahen zu dem Ort Funchal hinüber, der hell erstrahlte aufgrund der ganzen Lichterketten, die beinahe an jedem Haus angebracht waren. Der Schein war so hell, dass der Kapitän sah, wie seiner Frau eine Träne die Wange hinunterkullerte. Er seufzte. Genau in diesem Moment kam Spatzl mit Amor im Schlepptau um die Ecke geflogen. Dieser fackelte nicht lange, zückte seinen Liebespfeil und schoss dem Kapitän direkt ins Herz. Wir hielten alle die Luft an. Der Mann zuckte kurz. Dann wischte er liebevoll die Träne seiner Frau weg und sagte:

„Beim Abendessen hatte ich Gelegenheit nachzudenken. Ich hatte diese ganzen Stammgäste an meinem Tisch, nur Paare. Sie haben von ihren gemeinsamen Kreuzfahrten so in ihren Erinnerungen geschwelgt, dass ich richtig neidisch wurde."

„Du warst neidisch?", fragte die Frau ungläubig. „Du bist doch 9 Monate im Jahr an Bord und siehst die ganze Welt."

„Ja", gab er zu, „aber ich kann meine Erlebnisse mit niemanden teilen. Was meinst du, was ich schon für einsame Nächte hier alleine auf der Nock verbrachte habe. Wie oft habe ich dann an dich gedacht." Sie sah ihm direkt in die Augen und meinte:

„Davon hast du mir nie erzählt." Er stimmte zu, nahm sie in die Arme und gab ihr einen langen Kuss, den sie innig erwiderte.

„Sieht gut aus", kommentierte Amor, „das wird sich wieder einrenken." Er griff zu seinem Computer, der stark einem menschlichen iPhone ähnelte und tippte etwas hinein. Dann las er vor:

Pressemeldung der Reederei vom 01. 03. 2015
Kapitän Körner verlässt nach 10 Jahren die Reederei. Nach seinen Angaben auf eigenen Wunsch. Der auf Sylt lebende Kapitän will künftig mit seiner Frau das beliebte, alte

Kapitänshaus, „Haus Erwin" in Westerland, übernehmen.
Der Kreuzfahrt wird er aber weiterhin treu bleiben, als Gast
mit seiner Familie. Körner selbst sagte zu seinem Ausstieg:
„Und wenn die Sehnsucht zwischen den Kreuzfahrten mal zu
groß wird, dann fahre ich mit der Fähre von List nach Rømø,
der amtierende Kapitän dort ist ein Schulkollege von mir, der
mich sicher mal ans Ruder lässt."

Amor klappte seinen Computer zu und meinte: „Ich muss
weiter, Leute, die Auftragserfüllung nebenan steht kurz
bevor und mein Gehilfe braucht meinen Beistand." Spatzl
und wir waren so überwältigt, dass es uns komplett die
Sprache verschlug. Wir bedankten uns nicht mal! Als die
ersten Raketen in den schwarzen Nachthimmel empor-
schossen, küsste sich das Paar erneut. Das neue Jahr hatte
begonnen. Innig umarmte ich Paul und Spatzl kuschelte
sich liebevoll an meine Schulter. Wir hingen alle unseren
Gedanken nach. Spatzl freute sich sicher, in Kürze endlich
wieder in seinem geliebten Hamburg zu sein und seinen
Freund Jonathan wiederzusehen. Ich dachte an Sylt und an
„unser" Haus. Warum würde es der Kapitän übernehmen,
was würde aus den heutigen Besitzern werden? Würden wir
weiterhin in der Dachkammer „hausen" können? Nachdem
das Feuerwerk über der Stadt verklungen war, zündete jedes
einzelne der sechs Kreuzfahrtschiffe nacheinander sein eigenes Feuerwerk. Ein einzigartiges Lichtermeer-Spektakel.
Paul blickte mich an und meinte: „Der erste Kreuzzug, der
erfolgreich verlief, Erwin."

Ich gab ihm recht. Anscheinend konnte er die Sorgen
in meinem Gesicht lesen, denn er drückte mich heftig und
meinte mit leiser Stimme: „Unser ‚Leben' scheint weiterhin
spannend zu bleiben."

Der Butler

Am Nachmittag des Silvesterabends gegen 15 Uhr warf das Schiff den Anker vor der Blumeninsel Madeira und lag somit auf Reede. Sofia beobachtete, dass im eigentlichen Hafen bereits drei weitere Kreuzfahrtschiffe lagen. Zwei waren sehr groß und sahen eher wie Hochhäuser aus. Allerdings waren sie schön gestaltet. Das Vorderste war von blauer Farbe und hatte Schriftzüge auf seiner Außenhaut, die wie eine Schreibschrift wirkten. Das andere war weiß und trug neben anderen Gemälden blaue Wellen quer über seinen Schiffsrumpf. Das dritte war deutlich kleiner, weiß und hatte einen auffallenden, orange leuchtenden Schornstein. Hinter den großen Dampfern wirkte es wie ein kleines Beiboot. Sofia stand auf dem knapp dreißig Quadratmeter großen Balkon ihrer Suite und genoss ein Gläschen Champagner. „Und mein Schiff ist noch kleiner", dachte Sofia, „selbst neben dem kleinen Schiff würde es wie ein Fischerboot wirken." Hans hatte wie jeden Nachmittag eine Flasche in ihre Kabine gebracht. Er entkorkte sie stets professionell und stellte sie dann im Kühler auf Eis bereit. Die ganze Woche hatte sie das edle Getränk nicht angerührt, doch heute war ihr danach. Am Morgen hatte Hans stets dezent die unberührte Flasche aus dem Kühler genommen und entfernt. Nie hatte er eine Bemerkung gemacht, dass sie den kostbaren Tropfen verschmähte. Hans war ihr Butler für diese Woche. Sofia befand sich seit sechs Tagen auf diesem Luxusschiff der Extraklasse, welches äußerlich eher einer privaten Jacht als einem Kreuzfahrtschiff ähnelte. Eingestiegen war sie in Barcelona. Die Fahrt hatte sie über Agadir, Casablanca und Lanzarote bis nach Madeira geführt. Hier wartete das eigentliche Highlight der einwöchigen Kreuzfahrt: Das Silvesterfeuerwerk um Mitternacht. Nicht nur die Stadt Funchal würde die grüne Insel illuminieren, jedes einzelne Kreuzfahrtschiff würde nach und nach sein eigenes Feuerwerk entfachen. Während Sofia Schluck für Schluck ihr Glas leerte, dachte sie, dass es eine gute Entscheidung gewesen war, diese Reise anzutreten. Warum sollte sie auch wieder einsam und allein in der Elbchaussee in Hamburg in ihrer Villa am letzten Abend des Jahres sitzen? Die Nichten und Neffen, die sie stets zum Weihnachtsfest einluden, hatten Silvester ihre eigenen Pläne und Verpflichtungen. Sie selbst fühlte sich mit Anfang sechzig einfach zu alt für die üblichen Partys zum Jahresausklang. Sie machte sich nichts mehr daraus. So hatte sie schöne Tage auf diesem Schiff verbracht, umgeben von vielen guten Servicegeistern und Menschen, die über gleiche finanzielle Möglichkeiten verfügten.

„Die paar tausend EURO ist die Suite wert", sagte sie zu sich selbst und leerte in einem Zug ihr Glas.

Es klopfte und Hans trat ein, wie immer formvollendet mit einem Frack bekleidet. Als er sie auf dem Balkon mit dem leeren Glas sah, eilte er sofort zum Champagnerkühler und brachte ihn hinaus. Professionell entnahm er die Flasche, umschlang sie mit einer Serviette, die bisher über dem Flaschenhals gelegen hatte und fragte:

„Darf ich Ihnen nachschenken, Frau von Straaten?" Sofia schüttelte den Kopf. Hans wollte gerade die Flasche in den Kühler zurückstellen, als sie plötzlich zögerlich sagte: „Ja, doch."

Hans strahlte und begann eifrig, ihr Glas zu befüllen. Den linken Arm hielt er auf dem Rücken verschränkt.

„Es freut mich, dass sie heute den Champagner genießen", sprach Hans.

Überrascht über diese Äußerung blickte Sofia Hans direkt in die Augen.

„Na, ja, der letzte Tag des Jahres, das ist schon was Besonderes, speziell vor dieser Kulisse", antwortete sie und
deutete auf die nicht weit entfernte Stadt.

Hans nickte zustimmend und stellte die Flasche wieder
sorgsam in den Kühler zurück. Sofia beobachtete ihn dabei.

„Er muss in meinem Alter sein", befand sie, „und immer
noch arbeitete er als Butler. Sicher muss man die besten
Referenzen haben, um hier angestellt zu sein."

Hans' Worte holten sie aus ihren Gedanken zurück:

„Planen Sie gar keinen Landgang heute? Die Stadt Funchal ist wunderschön."

Sofia schüttelte den Kopf. Sie hatte in jedem Hafen in dieser Woche einen Landgang unternommen. Sie dachte kurz
zurück. In Barcelona hatte sie der Kirche Sagrada Família
einen langen Besuch abgestattet. Die unterschiedlichen
Architekturstile hatten sie fasziniert. Neugotik bis hin zur
Moderne. Sie hatte sogar das Glück gehabt, eine Trauung zu
sehen. Die Braut trug ein prachtvolles Kleid aus weißer Seide
und sah vor der Kulisse wie eine Märchenprinzessin aus. In
Agadir war sie tagsüber allein durch die leider wenig schöne
Stadt gebummelt. Am Abend nahm sie an einem Ausflug der
Reederei teil, welcher sie zu einem Ort in der Wüste geführt
hatte. Ein stolzer, weißer Sultanspalast war das Ziel gewe-
sen und mit dem einheimischen Essen, den orientalischen
Darbietungen wie Bauchtanz und Schlangenbeschwörung,
war es ein ergreifendes Erlebnis. Sie fühlte sich wie in 1001
Nacht. Im dritten Hafen, Casablanca, hatte sie ein Taxi zu
Ricks Café genommen. Fast drei Stunden gönnte sie sich
an dem stilvoll eingerichteten Ort. Sie kaufte ein paar Post-
karten und schrieb an die Nichten und Neffen daheim. Als

der Pianist dann noch ‚As Time Goes By' spielte, bekam sie eine richtige Gänsehaut. Gestern auf Lanzarote hatte sie natürlich den Ausflug in die Feuerberge gebucht und kam auch nicht darum herum, auf einem Kamel zu reiten. Es hatte mehr Spaß gemacht, als sie dachte, obwohl die Kamele nicht gut rochen und das Kamel hinter ihr widerlich geschmatzt hatte. Die Insel hatte es ihr besonders angetan. Sie war so karg und schwarz. Die vielen kleinen, weißen Häuser stachen wie weiße Perlen aus ihr hervor. Als sie pünktlich zum Sonnenuntergang ausliefen, beobachtete sie das ungewöhnliche Farbspiel auf den Feuerbergen.

Hans riss sie aus ihren Gedanken:

„Dann fahren Sie doch wenigstens mit dem Tenderboot hinüber zum Hafen. Ich kann es für Sie rufen. Der Park oberhalb ist eine grüne Oase, in der man hervorragend spazieren gehen kann. Interessant ist auch ein Besuch an der Kaimauer, die von hier aus nur grau erscheint. Ihre Innenseite zieren gemalte Bilder von Schiffen. Das ist eine alte Tradition, mit der sich früher die Segler verabschiedeten, wenn sie sich auf ihre Reise ins ferne Amerika begaben."

„Danke, Hans, aber ich habe in den letzten Tagen so viel gesehen und erlebt, das muss man in unserem Alter erst mal verarbeiten."

Hans lächelte verständnisvoll und wollte dann wissen:

„In welchem Restaurant darf ich Ihnen heute Abend eine Tischreservierung einholen, gnädige Frau?"

Auf dem kleinen Schiff gab es ein französisches Restaurant, eins mit gehobener italienischer Küche und ein Hauptrestaurant, welches verschiedene Stilrichtungen bediente. Sofia hatte sich in den letzten Tagen immer abwechselnd in den Restaurants einen Platz reservieren lassen. Auf diese Art und Weise vermied sie es geschickt, nähere Tischbekanntschaften zu schließen. Gut, gestern Abend hatte sie in dem französischen Restaurant gespeist und den Abend an einem wirklich netten Tisch mit einem Paar im mittleren Lebensalter verbracht, das auch aus Deutschland kam. Ganz offen hatten sie von ihrer Ehekrise erzählt, die sie gemeinsam überwunden hatten und diese Reise als Neubeginn feierten. Der Mann gab zu, seine Frau betrogen zu haben. Sie hatte dies sehr profan herausbekommen, durch einen Kofferanhänger, auf dem neben seinem Namen ein fremder stand. Als der Mann dann auch noch vertraulich erklärte, dass es sich dabei um einen Mann gehandelt hatte, war Sofia sprachlos gewesen. Trotzdem versicherten sie, dass diese Erfahrung gut für sie gewesen war, sie gemeinsam die Krise gemeistert hatten und dass der Koffer letztendlich ihre Ehe gerettet hätte.

„Menschen, denen man auf Kreuzfahrt begegnet, sind um ein Vielfaches mitteilsamer als an Land", schlussfolgerte Sofia für sich selbst.

Daher überlegte sie kurz und sagte dann zu ihrem Butler:

„In keinem, Hans, ich speise heute in meiner Suite, wenn das möglich ist."

Hans deutete eine Verbeugung an und erwiderte:

„Natürlich, gnädige Frau, ich hoffe nur, dass es Ihnen dann für diesen letzten Abend im Jahr nicht zu einsam ist."

„Ich bin ohnehin allein, ob im Restaurant am Tisch mit anderen oder hier", antwortete sie hart.

Nach einer Weile des Schweigens meinte sie:

„Außerdem sind Sie doch dann bei mir und servieren, oder nicht?"

„Natürlich, Frau von Straaten, wenn Sie das wünschen", sagte Hans und ergänzte: „Ich will sogleich die aktuelle Speisekarte von der Rezeption holen."

Er verbeugte sich tief, drehte um und beim Eintritt in die Suite, stolperte er leicht über den Absatz der Balkontür.

Sofia legte sich noch ein wenig hin und ging danach, bereits umgezogen für den Silvesterabend, in den Green-Salon.

Dort fand jeden Tag ein 30minütiges, klassisches Konzert vor dem Abendessen statt. Sie war noch ein wenig früh dran, wie sie feststellte, als sie eintrat. Sie sah, dass fünf Menschen im Kreis standen. In ihren Händen hatten sie blaue Bälle, die auf ihrer Außenhaut kleine Noppen trugen. Mit diesen Bällen fuhren sie langsam auf ihren Körpern die Ober- und Unterarme hinunter. Lächelnd näherte sich Sofia eine Kellnerin: „Bleiben Sie nur hier, liebe Frau von Straaten, die Igelballmassage ist gleich zu Ende." Sofia nickte und nahm in einem der Sessel Platz. „Einen Tee, wie immer?", fragte die junge Frau sie. „Nein", entgegnete sie, „heute gern einen Champagner." Keine zwei Minuten später wurde dieser serviert. „Die Igelballmassage fördert die Durchblutung", erklärte das junge Mädchen, als sie sah, wie Sofia die Gruppe musterte. Dann endlich betraten die Musiker den Salon und der Massagekurs endete. Auch heute zogen die junge Sängerin und ihr Begleiter am Piano Sofia in ihren Bann. Sie spielten Chopin. Ihre Gedanken wanderten zurück in die Vergangenheit. Chopin hatte seine erste große Liebe – in ihren Augen – mit einer um viele Jahre älteren Frau verdrängt. Das hatte sie nicht getan, sondern sie war allein geblieben. Als sie ihr Champagnerglas anhob, meinte sie plötzlich, darin Fritz zu sehen, doch es war ein Trugschluss. Als sie später in ihre Suite zurückkehrte, hatte Hans bereits den Tisch auf dem Balkon gedeckt.

„Das Wetter lässt ein Abendessen auf dem Balkon zu", strahlte er Sofia an.

„Das ist schön, Hans", erwiderte sie mit einem Lächeln. Als sie von ihrem Balkon blickte, sah sie, dass nun im Hafen noch ein viertes Kreuzfahrtschiff angekommen war. Es war auch kleiner und lag den anderen drei Schiffen direkt gegenüber, nahe dem von Hans erwähnten Jachthafen. Es kam ihr bekannt vor, doch sie konnte sich nicht genau erinnern. Sicher hatte sie es schon einmal in Hamburg von ihrer Terrasse aus vorbeifahren sehen.

Als sie Platz nahm, rückte Hans ihr formvollendet den Stuhl zurecht. Das Dinner begann mit einer Suppe aus Indien, die wunderbar scharf schmeckte. Hans servierte dazu einen trockenen Sherry. Er wollte sie zum Essen allein lassen und machte Anstalten, im Inneren der Suite zu verschwinden.

„Leisten Sie mir doch bitte Gesellschaft", bat Sofia.

„Wie Sie wünschen", gab er zurück und stellte sich an die Reling.

Den Stuhl, den sie anbot, schlug er allerdings mit einer galanten Handbewegung aus.

„Arbeiten Sie schon lange für die Reederei?", fragte Sofia.

„Oh ja", strahlte Hans, „über 40 Jahre schon".

Sofia war beeindruckt.

„Da haben Sie sicher die ganze Welt gesehen", stellte sie fest.

Hans bestätigte dies: „Ja, ein Luxus, ich weiß, doch immer wenn ich zurück nach Hamburg komme, stellt sich ein Kribbeln ein, die Heimat eben."

„Ach, Sie kommen auch aus Hamburg? So wie ich."

Hans nickte und da Sofias Suppentasse leer war, begann er abzuräumen. Sofia betrachte die Szenerie. Ein weiteres, sehr großes Kreuzfahrtschiff hatte sich vor Madeira eingefunden und lag wie sie auf Reede. Der kleine Hafen war mit den vier Kreuzfahrtschiffen gut gefüllt. Langsam kam die Dämmerung. Als zweiten Gang gab es Schellfisch an Senfsoße. Als Hans mit dem Fisch auf den Balkon trat, stolperte er erneut über den Absatz der Tür. Er lächelte entschuldigend und schüttelte über sich selbst den Kopf. Der Butler servierte zum Essen einen perfekt gekühlten Weißwein. Spontan lud Sofia ihn auf ein Gläschen ein. Er lehnte ab, da befahl sie es ihm mit nachdrücklicher Stimme. Sie stießen an.

„Ihre Frau ist sicher traurig, Sie so selten zu sehen?", plauderte Sofia munter und ganz gegen ihre sonstige Natur.

Sie war Alkohol nur in Maßen gewohnt und heute hatte sie schon mehr als sonst in einer ganzen Woche getrunken.

„Ich bin nicht verheiratet", antwortete Hans und fuhr fort: „Oder doch, mit meiner Arbeit."

Da mussten sie beide lachen. Über den Fisch hinweg musterte Sofia diesen Mann genauer. Groß, stattlich und überaus gepflegt. Seine Haare hatten ein wunderschönes Grau. Seine Haut war gebräunt und die blauen Augen schauten klar und wachsam. Seine Falten verrieten ein interessantes Leben. Sofia merkte kaum, wie Hans abräumte. Sie dachte über ihn nach. Schon jahrelang hatte sie nicht mehr über einen Mann nachgedacht! Als Hans im Anschluss Huhn mit Champagner servierte, machte er über die bekannte Stolperfalle einen langen, großen Schritt. Sofia begann zu kichern. Hans grinste. Wieder wollte er das Getränk ablehnen, doch Sofia sagte:

„Bitte, Hans!".

Er gehorchte. „Ich bin auch allein", gab sie offen zu, „das ist manchmal besser, aber nicht immer einfach", bekannte sie.

Hans stand einfach nur da und hörte ihr zu. Völlig gegen ihre Grundsätze erzählte sie ihm die Geschichte von Fritz. Er war ihre große Liebe gewesen. Sie wollten heiraten, doch zuvor wollte er noch seinen Grundwehrdienst hinter sich bringen. Es war tragisch, sein letzter Einsatz führte ihn nach Berchtesgaden. Gemeinsam mit drei weiteren Kameraden stürzte der Hubschrauber, in dem sie saßen, ab, weil er sich in Telefondrähten, die zwischen den Bergen verliefen, verfing. Alle Insassen kamen ums Leben. Tags darauf stand seine Mutter mit der traurigen Nachricht vor ihrer Tür. Sie hatte wochenlang nur geweint. Ihre Eltern hatten später versucht, ihr den einen oder anderen Heiratskandidaten anzupreisen, doch Sofia war stur und damit allein geblieben. Sie stürzte sich in die Arbeit und machte aus der mittelständischen Anwaltskanzlei in Hamburg eine wahre Goldgrube. Heute war die Kanzlei weltweit mit Büros vertreten. Längst hatte ihr Neffe das Geschäft übernommen. Dennoch fuhr sie immer noch jeden Morgen in ihr Büro. Sie brauchte einfach die Atmosphäre. Als Sofia endete, war es schon komplett dunkel geworden. Hans hatte so fasziniert gelauscht, dass er vergessen hatte, den Teller abzuräumen. Dafür entschuldigte er sich jetzt und trug schnell ab. Sofia sah auf das Bergmassiv. Funchal erstrahlte in den buntesten Lichtern, die man sich nur vorstellen konnte. Nicht nur weiße, wie in Deutschland. Auch rote, grüne und blaue beleuchteten die Stadt. Dazu die Kreuzfahrtschiffe mir ihren Lichtergirlanden. Der Anblick nahm ihr fast den Atem. Während Hans in der Suite den Nachtisch vorbereitete, eine Obstplatte, realisierte Sofia, was sie ihrem Butler alles erzählt hatte. War es der Alkohol, die andere Atmosphäre oder seine Gegenwart? Sie schwebte innerlich, dieses Gefühl hatte sie seit Fritz nicht mehr verspürt. Den servierten Port trank sie in einem Zug aus und bedeutete Hans, gleich noch mal nachzuschenken, sich natürlich auch. Er zierte sich auch dieses Mal, doch wieder sprach sie ein energisches „Bitte" aus.

Als das Dinner beendet war, bat sie ihn zu bleiben. Es war gegen 23 Uhr und sie wollte die letzte Stunde im alten Jahr nicht allein sein. Er stimmte zu, gab aber an, deswegen kurz telefonieren zu müssen. Um nicht wieder zu stolpern, vollführte er einen, für sein Alter, sehr erstaunlichen Schlusssprung über den Balkoneinstieg. Sofia lachte laut auf. Er drehte sich zu ihr um. Ihre Blicke trafen sich und sie schauten sich lange an. Er kehrte überraschend schnell und mit einer Flasche Champagner zurück. Noch immer trug er seine Butleruniform. Die letzte Stunde des alten Jahres ging für Sofia viel zu schnell vorbei. Sofia blickte zu dem großen Kreuzfahrtschiff hinüber, welches auf Reede lag, ‚Was veranlasst Menschen, auf so ein großes Schiff zu gehen?', dachte sie. Als ob Hans ihre Gedanken erriet, sagte er: „Das hat nicht mehr viel mit Kreuzfahrt zu tun, oder?" Sie nickte. Hans begann, lustige Anekdoten aus seinem Kreuzfahrerleben zu erzählen. Sofia vergaß, dass er ihr Butler war. Um Mitternacht sahen sie vor der gigantischen Kulisse zahlreiche Feuerwerke. Die Kreuzfahrtschiffe hupten und Sofia schrie:

„Das ist das schönste Silvester meines Lebens."

Dann küsste sie Hans zart auf die Wange. Er ließ es geschehen, unternahm aber nichts. Bald darauf verabschiedete er sich und bedankte sich artig für den reizenden Abend. Sofia fiel sofort ins Bett und in einen tiefen Schlaf.

Als sie am Morgen erwachte, hatte sie fürchterliche Kopfschmerzen. Sie löste sich stöhnend Aspirin in Wasser auf. Langsam kehrten die Erinnerungen an den vergangenen Abend zurück. Sie fand ihr Verhalten im Rückblick doch ein wenig peinlich. Trotzdem stellte sich ein Kribbeln ein, als es an der Tür klopfte. Sie schaute auf den Wecker: 9 Uhr, Hans würde jetzt das Frühstück servieren. „Kommen Sie herein", rief sie mit wackliger Stimme und zog die Bettdecke bis zur Nasenspitze hoch.

Eine junge Frau in Butleruniform trat ein.

„Wer sind Sie", kreischte Sofia los, „wo ist Hans?".

„Ich bin Madeleine, ihre neue Butlerin. Hans hat heute Morgen sehr früh das Schiff verlassen müssen, um mit dem Flugzeug nach Deutschland zu reisen."

Sofia dachte nach. Ob ihr gemeinsamer Abend ihn den Job gekostet hatte? Das hatte sie nicht gewollt. Sie sah aus dem Fenster. Sie waren schon wieder auf See. Morgen würden sie in Teneriffa anlegen und die Kreuzfahrt wäre zu Ende. Nach ihrer Rückkehr würde sie einen Brief an die Reederei schreiben und die Situation erklären. Sie musste

Hans retten. Sofia sah Madeleine zu, wie sie das Frühstück richtete. Sie wagte momentan nicht nach Details zu fragen.

Zur selben Zeit landete Hans' Flugzeug in Hamburg-Fuhls-büttel. Freudig stieg er aus der kleinen Privatmaschine. Sein Chauffeur erwartete ihn schon und hielt ihm die Tür seines Rolls-Royce auf. Als sie nach kurzer Fahrt in der Reederei ankamen, traf Hans auf Ole, seinen stellvertretenden Geschäftsführer, der trotz des Neujahrstages im Büro war.

„Hallo Chef, frohes neues Jahr", sagte er „alles in Ordnung an Bord? Was hat denn ihre Testwoche für neue Erkenntnisse gebracht? Brauchen wir überhaupt noch Butler an Bord oder ist diese Form wirklich überholt?"

„Wir brauchen sie, Ole, sie sind sogar zwingend notwendig. Auch für Sie ein gutes neues Jahr."

Ole zog überrascht die Augenbrauen hoch. Vor der Abreise war der Chef kurz davor gewesen, diese „altertümliche Betreuungsform", wie er es nannte, abzuschaffen. Was war geschehen?

„Morgen landet eine Frau von Straaten um 16 Uhr 25 in Hamburg. Besorgen Sie bitte einen großen Rosenstrauß zum Empfang und fahren Sie mit ihr ins Restaurant Elbterrassen. Ich werde dort warten. Die Tischreservierung nehme ich selbst vor."

Nun schaute Ole erst recht ungläubig drein. Er konnte sich nicht erinnern, wann sein Boss das letzte Mal mit einer Frau zum Abendessen ausgegangen war, geschweige denn eine Tischreservierung selbst vorgenommen hatte.

„Und verpassen Sie sie bloß nicht auf dem Flughafen", setzte der Chef energisch nach.

„Ich werde mein Bestes geben", gab Ole zur Antwort.

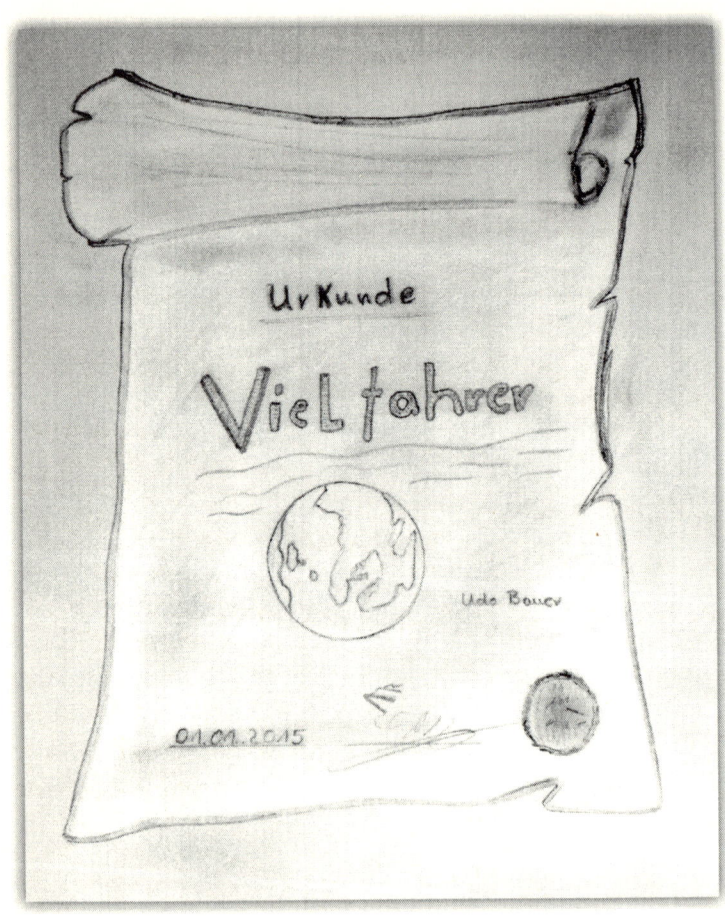

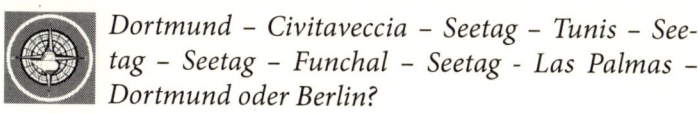

Der „Vielfahrer"

Das Taxi schlängelte sich den Berg hinunter. Als es um die Ecke bog, gab es den Blick auf den Hafen und das wunderschöne, schneeweiße Schiff frei. Der Taxifahrer sah in den Rückspiegel zu seinem Fahrgast. Ungläubig schüttelte er den Kopf. Das hatte er trotz der dreißig Jahre, die er nun schon Taxi fuhr, noch nie erlebt. Anstatt dass sein Fahrgast begeisterte Ohs und Ahs von sich gab beim Anblick des Schiffes oder doch zumindest staunend sich den Hals aus dem Taxifenster verrenkte, hackte dieser in einem fort auf seinem Minilaptop herum. Für den Taxifahrer war es bis dahin eine ganz normale Tour. Er hatte den Fahrgast am Flughafen von Rom abgeholt, dieser hatte ihm kurz und knapp mitgeteilt, er müsse zum Kreuzfahrtterminal im Hafen von Civitaveccia.

‚Wieder so ein glücklicher, reicher Zeitgenosse', hatte der Taxifahrer gedacht, ‚der nun zwei oder vielleicht auch drei Wochen in Luxus schwelgen dürfte.' Dass der Fahrgast kaum, dass das Taxi sich in Bewegung gesetzt hatte, seinen Laptop aufklappte, war nicht ungewöhnlich.

‚Letzte Instruktionen an seine Sekretärin', so hatte der Fahrer vermutet, das Übliche.

Inzwischen stoppte das Taxi direkt vor dem Schiff. Endlich blickte der Fahrgast auf.

„Wir sind da, mein Herr", sagte der Taxifahrer und sprang behände aus dem Wagen, um die Koffer aus dem Kofferraum herauszuwuchten.

Udo Bauer klappte seinen Laptop mit Schwung zu. Die Worte des Fahrers hatten ihn aus einer anderen Welt gerissen, aus seiner virtuellen Welt im Internet, in die er sich seit einigen Monaten begeben hatte und die, bis auf seinen Job, seinen ganzen Alltag in den letzten Monaten bestimmt hatte. Zugegeben, manchmal hatte er auch während seines Jobs einen Ausflug dorthin gemacht. Immer nur kurz, aber er konnte dem Reiz nicht widerstehen. Das Internet. Nachdem er sich mit dem für ihn neuen Medium vertraut gemacht hatte, war er auch irgendwann auf das Kreuzfahrtforum gestoßen. Zunächst las er nur mit, da Schiffe, insbesondere Kreuzfahrtschiffe, ihn schon immer fasziniert hatten. Dann fand er eine Rubrik, wo man sich registrieren musste, ansonsten konnte man die Beiträge der anderen User nicht lesen. Obwohl er noch nie ein Schiff von innen gesehen hatte, registrierte er sich munter mit dem Namen „Vielfahrer". Nun konnte er lesen, wer wo und wann auf welchem Schiff fuhr. Er konnte die Reiseberichte der Rückkehrer verschlingen und begann zu träumen. Und dann fand er sie. Alleine schon das Foto neben ihrem Forennamen „Traumfrau auf See" hatte ihn begeistert. Er erfuhr, dass sie aus Berlin kam und von einer Kreuzfahrt auf diesem speziellen Schiff zu Silvester träumte, aber alleine reisen müsste und sich nicht traute. Das gab den Ausschlag. Sie direkt anzuschreiben kam ihm zu billig vor. So telefonierte er kurzer Hand mit seinem Reisebüro und schlug dann im Forum eine Gruppenreise vor, die in Civitaveccia starten würde, dann einen Abstecher ins östliche Mittelmeer vorsah und auf den Kanarischen Inseln endete. Silvester würden sie im Hafen von Funchal bis weit nach Mitternacht liegen. Die positive Resonanz gab ihm Auftrieb. Zehn Personen meldeten sich und buchten, natürlich auch sie. Er behielt seine Rolle als der sogar an Bord bekannte „Vielfahrer" bei und hatte die letzten Monate damit verbracht, alle Fragen sorgsam zu beantworten, die im Vorfeld kamen. Auch mit ihr hatte er geschrieben und er fand, sie waren sich bereits sympathisch.

Heute sollte diese Reise nun beginnen. Er hatte gerade seit dem Flughafen noch einen schnellen, letzten Gruß ins Forum getippt. Sein Bild, welches neben dem Beitrag immer erschien, zeigte ihn an Bord. Natürlich handelte es sich dabei um eine Fotoreproduktion, eine gute gemachte Fälschung. Er spähte aus dem Fenster. Alles war so, wie er es in den Reiseberichten gelesen hatte. Die Gangway war von Deck 3 ausgefahren, daneben der Stand mit dem Sekt und das obligatorische Schild, wie lange die Liegezeit im Hafen betragen würde, war auch da. Er atmete auf und stieg trotzdem leicht angespannt aus dem Taxi. Sein Fahrer wartete schon und schaute ihn leicht besorgt an. Er lächelte ihn an, bedankte sich, gab ein viel zu hohes Trinkgeld, welches den Taxifahrer doppelt strahlen ließ und wandte sich dem Schiff zu. Schon sprangen ein paar Mitarbeiter herbei und befreiten ihn von den großen Koffern. Udo Bauer schritt mutig auf die Gangway zu.

„Herzlich willkommen an Bord", säuselte eine Hostess ihm zu und schon hatte er ein Gläschen in der Hand. Während er recht hastig den gereichten Sekt trank, beobachtet er die anderen Mitreisenden. Er stellte fest, dass aus „seiner" Gruppe noch niemand zu sehen war und entspannte sich.

„Wie gut, dass alle diese Fotos im Forum haben", sagte er zu sich selbst und lächelte. Er dachte schon wieder an sie. Seine „Traumfrau auf See" hieß Corina Müller. „C-O-R-I-N-A", schon der Name klang wie Musik in seinen Ohren. Endlich würde er sie treffen und sein Ziel war klar, er wollte diese Frau unter allen Umständen für sich erobern. Nicht nur für diese Reise, nein, für immer sollte es sein. Noch am letzten Abend der Reise sollte sie sich entschließen, zu ihm nach Dortmund zu ziehen. Er nahm den letzten Schluck und ging zielstrebig die Gangway hinauf.

Da er monatelang die Deckpläne des Schiffes studiert hatte, wusste er genau, dass er zur Rezeption zwei Decks höher, auf Deck fünf, gehen musste. Insgeheim staunte er. Die Fotos, die er im Internet gesehen hatte, waren schon klasse, die Realität übertraf aber alles. Angelangt auf Deck 5 schritt er, inzwischen wieder leicht nervös, auf die Rezeption zu, als plötzlich jemand ihn am Arm packte.

„Udo Bauer, ja sie sind es doch. Ich bin es, Joachim Thies", rief freudig ein kleiner, untersetzter Mann. Udo Bauer drehte sich um.

„Meerfan 100, sie wissen schon", brabbelte dieser munter weiter.

„Ja, hallo", gab Udo Bauer zurück und setzte dann weltmännisch hinzu: „Willkommen an Bord, nun geht's los". Joachim Thies strahlte Udo Bauer an und konnte seine Freude über diese erste Begegnung kaum verbergen.

„Bin auch gerade erst angekommen, aber ich habe ja so einen Durst nach der langen Anreise", sprach der Mann.

„Wo ist denn hier die nächste Bar, mein Lieber?".

Wie aus der Pistole geschossen antwortete Udo:

„Na, ein Deck höher, mein Lieber, Salon Marlene".

Joachim Thies lachte froh und antwortete:

„Na, Sie sind ja hier zu Hause, aber unsereins muss sich ja erst mal zurechtfinden. Bis gleich dann um 15 Uhr auf dem Pool-Deck".

Schon hetzte er vom Durst geplagt zum Treppenhaus. Udo Bauer atmete auf:

‚Erste Prüfung bestanden', dachte er für sich und wandte sich endlich der Rezeption zu. Dort erhielt er eine freundliche Begrüßung, seinen Kabinenschlüssel und es kam auch sogleich ein Steward, welcher ihn sorgsam zu seiner Kabine geleitete.

Neben der Rezeption standen die ganze Zeit der Schiffsarzt und die Chefhostess Helga. Sie hatten die Begegnung der Herren genau verfolgt und schauten sich nun ratlos an.

„Doktor, kennen wir den Passagier?".

Dieser zuckte hilflos die Schultern. Sie hatte schließlich dieses tolle Namens- und Gesichtergedächtnis, nicht er. Er konnte sich wohl an Patienten erinnern, die in seiner Praxis an Bord waren, für alle anderen Dinge war sie zuständig.

„Ich erinnere mich jetzt nicht", gab er offen zu. Sie war schon an der Rezeption und ließ sich den Namen geben. Kopfschüttelnd kam sie zurück.

„Sagt mir nichts, Udo Bauer. Aber der Name ist ja auch nicht selten. Ich geh mal mit der Reederei telefonieren, nicht, dass wir da einen Stammgast haben und ihn nicht wie gewohnt begrüßen."

Er nickte ergeben, sie hatte sicher recht. Er beobachtete, wie der Kabinensteward zurückkehrte, der Udo Bauer in seine Kabine geleitet hatte. Er rief ihn zu sich und fragte:

„Ist bei Herrn Bauer wie immer alles zu seiner Zufriedenheit?"

Der Steward schaute ihn ein wenig verständnislos an und sagte schließlich:

„Wie immer? Ich musste alles dreimal erklären und er hat geschaut, als wäre er noch nie auf einem Schiff gewesen".

Der Doktor bedankte sich und machte sich auf den Weg in das Büro der Chefstewardess.

Udo Bauer inspizierte seine Kabine von oben bis unten, Er fand alles wie in der Beschreibung im Internet vor. Dann nahm er seinen Laptop aus der Tasche und loggte sich rasch im Forum ein. Er schrieb:

Bin an Bord, bester Service wie immer. Gleich geht's zum Gruppentreff. Ich werde weiter berichten, viele Grüße, der Vielfahrer.

Dann schenkte er sich ein Bier aus der Minibar ein und atmete tief durch. Er hatte noch zwei Stunden Zeit bis zum Gruppentreffen auf dem Pool-Deck. Diesen Termin hatte er sich selbst ausgedacht, er wollte der Gruppe das Schiff zeigen. Ein Schiff, auf welchem er nie gewesen war! Doch dies schien ihm der einzige Weg zu sein, seine „Traumfrau auf See" schon vor dem Abendessen kennenzulernen. Schließlich wollte er Eindruck auf sie machen und somit auch erreichen, dass sie abends an seinem Tisch aß. Er nahm einen weiteren, großen Schluck Bier und schaute in Gedanken aus dem Fenster seiner Kabine.

Als der Doktor das Büro der Chefhostess betrat, telefonierte diese gerade, legte aber schnell auf. „Entschuldigung", sagte Helga, „meine Schwester ist heute an Bord gekommen und ich wollte sie nur schnell begrüßen." „Oh, fährt sie wieder mit uns? Das freut mich aber sehr", erwiderte der Doktor. „Ja", strahlte Helga, „schon das zehnte Mal, sie bekommt dieses Mal die Ehrennadel in Silber. Der Doktor pfiff anerkennend, er hatte Helgas Schwester sehr gern. „Was ist jetzt mit dem Herrn Bauer?", wollte er wissen. „Fehlanzeige. Dieser Udo Bauer samt Adresse ist ein Erstfahrer, dachte ich es mir doch. Ich habe trotzdem checken lassen, ob es frühere Wohnadressen gibt, das ist definitiv nicht der Fall."

Sie schaute hilflos den Doktor an. Dieser erzählte vom Kabinensteward, welcher den Eindruck auch bestätigt hatte. Allerdings wäre sie ja nicht die Chefhostess, wenn sie nicht inzwischen herausgefunden hatte, dass Udo Bauer eine Gruppe eingebucht hatte, deren Reiseleiter er war. Der Arzt runzelte über diese neue Nachricht die Stirn.

„Da stimmt doch was nicht", meinte sie, „aber ich werde es schon herausfinden."

Sie schaute auf die Uhr und erinnerte sich daran, dass es um 15 Uhr ein Treffen auf dem Pool-Deck geben sollte, diesem würde sie beiwohnen.

„Was wollen sie tun?", fragte der Doktor.

Sie lächelte und sagte: „Nun, ich werde dem Kapitän Meldung machen und dann schaue ich mir diesen ‚Stammgast‘ mal näher an." Der Arzt nickte und ging in seine Praxis. Die angekommene Medikamentenlieferung musste verstaut werden und er wusste, die Angelegenheit war momentan bei ihr in den besten Händen. Ihre Schwester traf Helga kurze Zeit später. Beide freuten sich über das Wiedersehen, welches immerhin ein halbes Jahr gedauert hatte. Ihre Eltern waren früh gestorben, was sie intensiv aneinanderkettete. Helga war die Ältere und für sie war die Schwester ihre Familie. Heute war der zweite Weihnachtstag, doch für Helga war heute ‚Heiligabend‘ und sie freute sich sehr, trotz vieler Arbeit, ihre Schwester zum Jahresausklang bei sich zu wissen.

Udo Bauer hatte inzwischen seine Kabine verlassen. Er wollte sich vor dem großen Treffen ein reales Bild von dem Schiff und seinen Einrichtungen machen. In den Salon Marlene traute er sich nicht, denn dort lauerte sicher „Meerfan 100". Er stieg hinauf nach Deck 7, bummelte kurz durch die Kolonnaden und inspizierte dann das feine Restaurant „Jahreszeit". Alles war wie beschrieben, langsam entspannte er sich wieder. Er überlegte, nach links achtern ging es in die Bar „Der Alte Fritz", ein weiteres Bier wäre nicht schlecht. Also betrat er sie, entdeckte die legendären Frikadellen, die den ganzen Tag dort auf hungrige Mäuler warteten und rechts in der Ecke stand auch der Klabautermann. Gut gelaunt setzte er sich an die Bar. Der Kellner kam sofort. Udo Bauer spähte auf sein Namensschild, dort war der Name Sebastian vermerkt.

„Sebastian, bitte ein Bier", sagte er launig.

Sebastian erfüllte seinen Wunsch prompt und dachte:
‚Ein typischer Erstfahrer, aber so ist es immer.‘

Lächelnd stellte er das Bier auf dem Tresen ab und fragte: „Open Bar für heute?".

Udo grinste, auch darüber hatte er gelesen. Open bar bedeutet, dass man einmal seine Kabinennummer gab und dann erst am Abend seine Rechnung unterzeichnete.

„Natürlich, wie immer", antwortete er mutig.

Falls Sebastian dieser Ausspruch wunderte, er ließ es sich nicht anmerken. Udo schaute möglichst unauffällig durch den Raum. Es war niemand von seiner Reisegruppe in Sicht. Er hatte noch ein halbe Stunde Zeit bis zum Pool-Deck-Treff, wie er mit einem Blick auf seine Uhr feststellte.

Die Chefstewardess war inzwischen im Gespräch mit dem Kapitän auf der Brücke. Es ging um Allgemeines zu der anstehenden Kreuzfahrt, aber der Kapitän fragte auch nach Besonderheiten bei den Passagieren. Sie berichtete von Udo Bauer.

„Na, das hört sich aber doch nicht schlimm an. Gehen Sie mal zu diesem Treffen. Vielleicht klärt sich alles ganz leicht auf", sagte er und zwinkerte ihr aufmunternd zu. Der Kapitän wusste, wenn sie etwas Ungewöhnliches bemerkte, dann blieb sie auch an der Sache dran.

„Ja, Kapitän, ich verstehe momentan noch nicht, warum sich ein Erstfahrer als Vielfahrer ausgibt, aber ich werde es herausfinden", sagte sie mit fröhlicher Stimme.

Udo Bauer betrat das Pool-Deck und sah sie sofort. Sie saß an der Bar und sah noch viel hübscher aus als auf dem kleinen Foto im Internet. Sie war im Gespräch mit dem Mann links neben ihr. Als Udo genauer hinschaute, sah er, dass es sich dabei um „Meerfan 100" handelte. Das brachte ihn in Rage und er ging in zügigen Schritten auf die zwei zu. Joachim winkte ihm arglos, als er ihn herankommen sah und stellte ihm dann wie selbstverständlich Corina vor. Diese strahlte und wandte sich sofort zu ihm um. Corina lachte viel und fragte Udo sogleich Löcher in den Bauch. Über ihn, das Schiff und die gesamte Reise. Udo beantwortete erfolgreich alle Fragen und „Meerfan 100" war erst mal auf Eis gelegt. Da half auch kein Ausruf von ihm wie: „Oh, da hinten ist ja die echte Beatrice!" Corina schaute zwar in die Richtung, war jedoch gleich wieder mit Udo im Gespräch. Diese erste Begegnung verlief ganz nach seinen Vorstellungen. Als das Schiff ablegte, gingen die Stewards mit gefüllten Sektgläsern herum. Udo sah die Chefstewardess Helga, die mit langen, gezielten Schritten und einem Tablett in der Hand auf die Bar zukam. „Mein Gott", dachte er, „sie wird doch wohl nicht zu uns kommen." Auch Joachim Thies bemerkte dies und sagte zu Udo: „Oh, die Chefstewardess kommt, um Sie persönlich zu Hause willkommen zu heißen." Udo brach ein wenig der Schweiß aus, aber da stand Helga auch schon vor ihm, lächelte strahlend und sagte: „Mein lieber Herr Bauer, da sind Sie ja wieder und dieses Mal sogar mit Begleitung. Willkommen daheim also." Udo lächelte strahlend zurück, während der Schweiß ihm nun eiskalt im Nacken herunterlief und antworte: „Danke, Helga, schön, Sie wiederzusehen", er leerte sein angebotenes Sekt Glas fast in einem Zug. „Vom Anstoßen halten Sie wohl nichts, Udo?", fragte Corina erstaunt. „Oh, meine Liebe, entschuldigen Sie bitte, aber ich hatte ja solchen Durst", gab Udo zurück. Unterdessen bahnte sich das Schiff seinen Weg aus dem Hafen von Civitaveccia hinaus. Sie passierten Kreuzfahrtschiffe, die um ein Vielfaches größer waren als ihr Schiff. „Das sind ja keine Schiffe, das sind Hochhäuser. So ein Schiff wäre mir viel zu groß", staunte Corina und lehnte sich scheinbar unabsichtlich ein wenig an Udos Schulter. Dieser nickte zustimmend und legte mit einer lässigen Geste den Arm um sie und sagte: „Ja, das ist nichts für uns, wir fahren lieber klassisch." Corina strahlte. Sie schien rein gar nichts gegen den Arm zu haben, der auf

ihrer Schulter lag. „Meerfan" guckte genervt und bestellte noch ein Bier. Udo begriff langsam, dass sie wohl ähn-
liche Begehrlichkeiten hatten, was Corina betraf. „Wollen
wir heute Abend nicht gemeinsam essen", schlug er, mutig
geworden, vor. „Alles schon organisiert", tönte Thies lautstark. „Wir haben einen Dreier-Tisch im Restaurant Bonn."
Udo ließ sich seinen Unmut nicht anmerken, denn Corina
lächelte über beide Backen.

„Dann treffen wir uns nachher um 20 Uhr vor dem
Eingang, ja", sagte sie an Udo gewandt. „Steuerbordseite",
fügte sie fachmännisch und mit einem Zwinkern hinzu.
Udo nickte und Corina verschwand winkend in Richtung
Treppenhaus. Udo dachte nach. Joachim war ein Konkur-
rent, den er unbedingt loswerden müsste. Schon in fünf
Tagen war Silvester und bis dahin musste er unbedingt Co-
rinas Herz erobert haben. Um Mitternacht vor der beein-
druckenden Kulisse von Madeira wollte er sie das erste Mal
küssen. Was ist romantischer als ein allererster Kuss bei
einem Feuerwerk? Joachims Worte ließen ihn aus seinen
Gedanken zurück in die Wirklichkeit kehren: „Hoffe, es ist
okay mit dem Dreiertisch, sie wollte unbedingt, dass ich mit
ihr zusammensitze. Da habe ich ihr gesagt, dass wir Sie ja
nicht am Einzeltisch alleine lassen können, wo Sie das hier
alles so super für uns organisiert haben. Das wäre nicht in
Ordnung."

Udo war pünktlich um 20 Uhr vor dem Eingang zum
Restaurant Bonn. Niemand war zu sehen. Er war wieder
einmal nervös und zupfte gedankenverloren an seiner Krawatte. Schließlich war es schon fünf Minuten nach der ver-
einbarten Zeit, doch weder Joachim noch Corina kamen.
Udo überlegte, was er tun sollte, doch ihm fiel nichts ein,
außer von einem Fuß auf den anderen zu treten. Plötzlich
kam Helga aus dem Restaurant und sprach ihn an: „Herr
Bauer, kann ich Ihnen helfen?" „Ja, nun, ich warte auf

Corina", antwortete er. „Ach", sagte sie, „die Herrschaften sind schon an ihrem Tisch." Nachdem sie Udos bestürzte Miene sah, führte sie ihn ohne ein weiteres Wort hinein. Am Tisch angekommen machte Udo eine leichte Verbeugung. „Na, endlich", sagte Corina froh, „Wir haben ja eine Ewigkeit auf der Steuerbordseite gewartet, wo warst du denn?" Udo verstand, dass er auf der falschen Seite gestanden hatte, wollte dies aber nicht zugeben und antwortete: „Ich, ähm, hatte noch einen Anruf aus Deutschland." Erfreut registrierte er außerdem, dass sie anscheinend beim „Du" angekommen waren. Helga rückte ihm den Stuhl zurecht, zwinkerte Corina unauffällig zu und begab sich dann wieder an den Eingang des Restaurants. Dort stand der Schiffsarzt. „Ein Vielfahrer, der Back- und Steuerbord nicht auseinanderhalten kann, wie soll das noch enden", raunte der Arzt ihr zu. Später fand sich das Trio wieder im Salon Marlene. Zwei Musiker spielten zum Tanz auf und Udo ergriff mutig nach dem ersten Glas Wein die Gelegenheit und forderte Corina auf. „Mach mal", winkte Joachim ab, „ich habe zwei linke Füße." Auf der Tanzfläche angekommen, schmiegte sich Corina in Udos Arme. Die Band spielte wie auf Kommando einen Blues. „Sicher hast du schon mit vielen Frau hier getanzt", sagte Corina kokett. „Nein", antwortete Udo spontan, fügte dann aber schnell hinzu „nur manchmal, aber mit ganz alten Damen und nicht eine war so hübsch wie du." Corina lächelte selig. „Wollen wir morgen am Seetag gemeinsam Shuffleboard spielen?", fragte er. „Oh ja, ich will unbedingt dieses typische Spiel erlernen", rief sie aus. Siedendheiß fiel Udo ein, dass er das ja selbst noch nie gespielt hatte! „Ich bringe es dir bei", antwortete er trotzdem voller Selbstbewusstsein. Der Abend verging recht schnell mit vielen guten Gesprächen und nachdem Udo und Joachim Corina gemeinsam bis vor ihre Kabinentür gebracht hatten, begaben auch sie sich müde, aber glücklich, zu Bett.

Am nächsten Tag beim Frühstück konnte Udo Corina nirgends erblicken. Es war aber auch gerade erst 7 Uhr. Nach dem Frühstück besuchte er die Chef-Stewardess in ihrem Büro. Sie lächelte, als er eintrat. „Was kann ich denn für Sie tun, Herr Bauer?", fragte sie. „Können sie mir Shuffleboard beibringen?", bat er. Sie nickte und so trafen sie sich eine halbe Stunde später auf Deck 8. Sie erklärte ihm sorgsam alle Regeln und schlug vor, gleich auch ein paar praktische Übungen durchzuführen. Leider stellt sich Udo mit der Benutzung des Cues äußerst ungeschickt an. Anstatt dass die Scheiben auf den Zahlenfeldern liegen blieben, hüpften sie am Ende vom Brett. „Weniger Schwung, Herr Bauer", wies ihn Helga an, während sie die Scheiben einsammelte, die über das Deck rollten. Er versuchte es mit weniger Kraft, da verendeten die Scheiben weit vor den Zahlenfeldern. „Das ist wohl nicht meine Sportart", meinte er. „Sie müssen das ja auch nicht spielen", meinte Helga. „Doch, muss ich", sagte er. Was er nicht wusste, war, dass Joachim, ebenso ein Frühaufsteher und begeisterter Fotograf, die komplette Szene heimlich beobachtet hatte. Eigentlich hatte er nur den atemberaubenden Ausblick von hier oben festhalten wollen, doch Udo und die Chefstewardess boten natürlich neue Motive. Er konnte zwar aufgrund des Windes ihre Worte nicht verstehen und von den Shuffleboardregeln hatte er keine Ahnung, weshalb er auch nicht erkannte, dass Udo ein lausiger Spieler war, aber das vertraute Gespräch und eine Chefstewardess, die einen Passagier in den Arm nahm und drückte, das waren Motive nach seinem Geschmack.

Als Joachim am späten Vormittag Corina auf einer Sonnenliege sitzen sah, setzte er sich zu ihr. Sie fragte ihn, ob er Udo heute schon gesehen hätte. „Ja, beim Shuffleboard mit der Chef-Stewardess." „Was?", rief sie aus, „er wollte doch mit mir spielen." „Er scheint wirklich mit dir zu spielen, schau, ich habe ein Foto gemacht, unser Udo hat was mit dieser Helga, so oft wie er schon mit diesem Schiff unterwegs war, da bin ich mir ganz sicher. Er reichte Corina die Kamera und zeigte ihr die Aufnahme. Sie runzelte die Stirn, sagte aber nichts. Die Stimmung beim Abendessen wir entsprechend frostig. Corina hatte den kompletten Tag im Wellness-Bereich des Schiffes verbracht. Sie war in dem großen Innen-Pool geschwommen, hatte einige Sauna-Gänge absolviert und sich zuletzt eine Ganzkörpermassage inklusive einer ausführlichen Gesichtsbehandlung gegönnt. Udo hatte sie überall auf dem Schiff gesucht, aber natürlich nicht dort. Wie sie so da saß, sah sie noch schöner als am ersten Tag aus. „Wollen wir morgen in Tunis gemeinsam einen Ausflug machen?", fragte Udo sie. „Joachim und ich sind bereits verabredet, er war schon mal dort und will mir den Künstlerort Sidi Bou Saïd zeigen." Joachim nickte eifrig über seinem Salat. So wie ihre Stimme klang, verstand Udo, dass er dabei nicht erwünscht sei. Nach dem Essen ging Corina sofort auf ihre Kabine. Joachim wollte sich die Show im Königssaal ansehen, doch Udo war nicht danach. Er holte sich ein Bier in der Bar „Der Alte Fritz" und stellte sich an die Reling. Außer ihm war kein Passagier weit und breit in Sicht. Sie passierten gerade die Straße von Messina, eine gefährliche Meerenge zwischen Italien und Sizilien. Soeben war ein Lotse an Bord gekommen. Das Lotsenboot entfernte sich so schnell wie es gekommen war. Gedankenverloren schaute Udo auf die Heckwelle, das Schiff hatte seine Fahrt deutlich verlangsamt. Auf einmal sah er eine Frau, die im Meer schwamm. Er lief in Richtung Rettungsring, doch die Frau rief: „Lassen Sie das mal, ich kann gut schwimmen." Ungläubig schüttelte Udo mit dem Kopf. „Darf ich mich vorstellen? Ich bin Amphitrite, die Beherrscherin der Meere. Ich wollte nur eben nachsehen, ob Ihr Schiff den richtigen Kurs eingeschlagen hat, da sah ich Sie so traurig auf das Meer schauen." Jetzt bemerkte er erst ihre grüne Schwanzflosse. „Sie sind aber nett", befand Udo, „darf ich Sie auf ein Bier einladen?" Amphitrite verneinte dankend. „Ich trinke keinen Alkohol", sagte sie zur Entschuldigung und platschte ein wenig mit der Flosse. Udo überlegte, noch nie hatte er irgendwo gelesen, dass Meeresgöttinnen mit Kreuzfahrtpassagieren sprachen. Als ob sie seine Gedanken erriet, meinte Amphitrite: „Nicht jeder Passagier kann mich sehen, nur die, die unglücklich verliebt sind. Wollen Sie mir davon erzählen?" Oh ja, das wollte Udo. Er erzählte die ganze Geschichte von Beginn an. Als er schloss, sah sie ihn nachdenklich an. „Was meinen Sie, geschätzte Amphitrite, was soll ich jetzt tun?" „Die Wahrheit, sagen Sie Corina einfach die Wahrheit, sie wird sie mehr beeindrucken, als alle Geschichten, die Sie erfinden könnten." Udo dachte nach. Irgendwie hatte Amphitrite recht und sie war ja schließlich eine Frau und sollte es also wissen. Als er sie gerade fragen wollte, wann der beste Zeitpunkt für die Beichte wäre, gesellte sich plötzlich der Kellner Sebastian zu ihm. Innerhalb von Sekunden war Amphitrite im Meer verschwunden. Sebastian deutete auf sein leeres Glas und meinte: „Noch ein Bier, Herr Bauer?" „Äh, nein, danke", gab er zu Antwort und fragte dann: „Sind Sie momentan unglücklich verliebt?" „Nein", strahlte Sebastian, „von Las Palmas fliege ich heim nach München, meine Frau bekommt in Kürze unser erstes Kind." Udo nickte. Der Kellner verschwand wieder in der Bar und Udo wartete, doch Amphitrite tauchte nicht mehr auf. Nur ein Deck höher hatte „Meerfan 100" die letzten zehn Minuten ungewollt dem Geschehen beigewohnt.

Schon um 7 Uhr morgens legte das Kreuzfahrtschiff in Tunis an. Joachim und Corina hatten sich zum Frühstück für 7 Uhr 30 verabredet. Corina hatte sich nur ein bescheidenes Marmeladenbrötchen geschmiert, während Joachim sich ein Omelett „mit allem" servieren ließ. Sie blickte auf Udos Stuhl, der noch leer war. „Ward ihr gestern gemeinsam zu der Show im Königssaal?", wollte sie von Joachim wissen. Dieser verneinte. Dann sagte er: „Ich war dort, aber die Darbietungen haben mir nicht gefallen, einfach zu modern. Als ich die Show vor dem Ende verließ, unternahm ich noch einen Rundgang über das Deck. Da sah ich Udo ein Deck tiefer stehen. Irgendwas stimmt nicht mit ihm." „Wieso?", fragte sie kauend, „war er wieder in Begleitung von Helga?" „Nein", meinte er, während er akribisch den Schinken aus seiner Eierspeise entfernte, dieser bekam ihm nämlich nicht, „er sprach die ganze Zeit mit dem Wasser!" „Was?", rief sie verwundert aus. „Ja, ich konnte seine Worte nicht hören, aber er gestikulierte, dann lachte er und da war ja niemand außer ihm." Corina sah Joachim sehr nachdenklich an. Am Abend saß Udo schon am Tisch, als Corina und Joachim eintrafen. Sie strahlte ihm entgegen und sein Herz schmolz dahin. „Na?", fragte er, „hattet ihr einen tollen Tag?" Corina nickte eifrig, Joachim ließ sich ächzend auf seinen Stuhl fallen. Dann meinte er: „Sämtliche Handtaschenverkäufer von Sidi Bou Saïd sind jetzt meine Feinde, aber ich konnte doch nicht zulassen, dass Corina einen dieser Fakes für teures Geld erwirbt." „Hast du denn eine Handtasche gekauft?", wollte Udo an Corina gewandt wissen. „Nein", gab sie mit unglücklicher Stimme zu, „Joachim hat jeden Kauf im Keim erstickt." „Da gab es weit mehr als Handtaschen, es ist ein Künstlerdorf", mahnte Joachim. Udo grinste und als sich Joachim noch vor dem Dessert verabschiedete, angeblich war er zu müde von dem Tag, witterte er seine Chance. „Treffen wir uns morgen früh am Seetag gegen 10 Uhr an der Rezeption?", fragte er Corina. Sie stimmte zu. Als er sie nach dem Essen noch auf einen Drink in den Salon Marlene einlud, winkte sie jedoch ab. Sie wollte direkt in ihre Kabine und zu Bett gehen. Udo verbuchte das für sich als Erfolg. Er besuchte noch die Heck-Bar, nahm sein Glas Bier wieder mit an die Reling, doch Amphitrite tauchte nicht wieder auf. Kein Wunder, sie waren längst nicht mehr in der Straße von Messina, sondern auf dem offenen Mittelmeer, ihre Worte jedoch hatten sich in seinem Ohr festgesetzt: „Die Wahrheit sagen." Am nächsten Morgen frühstückten sie eher schweigend zu dritt. Udo und Corina trafen sich Punkt 10 Uhr an der Rezeption. Er nahm sie bei der Hand und zog sie zwei Decks höher in die Kolonnaden, wo sich auch die Shops befanden. Zielstrebig ging er mit ihr in den Shop, in dem wunderschöne Handtaschen der Marke „Guess" ausgestellt waren. Corina blickte Udo fragend an. „Such dir die aus, die dir am besten gefällt, ich möchte sie dir gern schenken." Corina protestierte vehement, doch Udo bestand darauf. Zögerlich entschied sie sich für ein traumhaftes Modell in schwarz-weiß. Der Clou der Tasche war jedoch ihr silberner Verschluss, der stark einem Anker ähnelte. Nachdem Udo mit der Bordkarte gezahlt hatte, verließen sie den Laden. Corina umarmte Udo und gab ihm einen Kuss auf die Wange. Das war doch schon mal ein Anfang! Ihre Einladung auf ein Glas Champagner an der Heck-Bar nahm er nur zu gern an. Sie waren ganz allein dort. Udo blickte über das weite Meer und meinte eine Hand zu sehen, die aus dem Meer herausragte. Er nahm das als Zeichen, atmete tief durch, doch bevor er etwas sagen konnte, meine Corina: „Der Joachim hat mich gestern auf dem Ausflug die ganze Zeit belästigt. Ständig wollte er meine Hand nehmen, dauernd lag sein Arm auf meiner Lehne im Bus. So was Aufdringliches habe ich ja noch auf keiner Kreuzfahrt erlebt. Ich habe ihm dann klipp und klar gesagt, dass ich keine Frau für eine Urlaubsbekanntschaft bin." Udo stockte der Atem. Er war zweiseitig geschockt. Zum einen von ihrer Sichtweise, was den Urlaub betraf, zum anderen, weil sie offensichtlich doch schon Kreuzfahrten gemacht hatte.

Sie hatte ihn belogen, sie war gar keine Erstfahrerin! Ob sie wohl schon bemerkt hatte, dass er kein Vielfahrer war?

So schluckte er seine Worte hinunter und plauderte noch eine Zeit lang über so belanglose Themen wie das Silvestermenü und wie es an Bord wohl ausfallen möge. Kurz vor dem Mittagessen kam dermaßen Seegang auf, dass die Stühle an der Heck-Bar zu rutschen begannen. Udo wurde von einer zur anderen Minute grün im Gesicht. Und es kam noch schlimmer, er spürte, wie sich das Frühstück seinen Weg wieder nach oben bahnte. Den Weg zur Toilette hätte er nicht mehr geschafft, er erbrach sich mitten auf dem Deck. Corina rief sofort einen Kellner herbei. Liebevoll nahm sie Udo in den Arm und geleitete ihn zu seiner Kabine. Udo war das alles so peinlich, dass er kein Wort sagte. In der Kabine angekommen, bestellte sie beim Zimmerservice einen schwarzen Tee für ihn und Tabletten gegen Seegang. „Jetzt legst du dich schön hin und in einer Stunde geht es dir besser", sagte sie und verließ die Kabine. Wieder war Udo erstaunt, wie professionell sie mit allem umging. Leider traf ihre Prognose nicht ein. Er musste den ganzen Tag und auch den kommenden Seetag das Bett hüten. Er fühlte sich so schlapp, dass er es nur mit Mühe ins Bad schaffte. Corina sah regelmäßig nach ihm und sprach tröstende Worte. Sie sorgte auch dafür, dass der Zimmerservice Udo mit dem Nötigsten versorgte. Doch außer dem schwarzen Tee konnte er kaum etwas bei sich behalten. Selbst Joachim kam hin und wieder zu Besuch, doch aus seinen Worten klang eher der pure Hohn, dass der „Vielfahrer" nun seit Tagen seekrank in der Kabine lag.

Als sie tags drauf Madeira um 16 Uhr erreichten und im Hafen von Funchal festgemacht hatten, wagte es Udo aufzustehen. Nach einer ausgiebigen Dusche merkte er, dass sich sein Gesundheitszustand deutlich verbessert hatte. Er schwankte zwar noch ein wenig, fühlte sich aber in der Lage, an Deck zu gehen. Vom Pool-Deck sah er, dass sie nahe dem berühmten Jachthafen lagen, direkt vor dem schönen Park Botanical Gardens. Davon hatte er im Reiseführer gelesen. Auf der anderen Seite des Hafens erblickte er drei weitere Kreuzfahrtschiffe, die seinem gegenüber lagen. Ein großes, blaues, er kniff die Augen zusammen und konnte den Namen „Dein Dampfer 1" am Bug lesen. Dahinter lag ein Schiff aus der Flotte mit dem roten Kussmund. Über diese Schiffe hatte er schon mal im Internetforum gelesen. Die Reederei hatte klein begonnen und sich dann innerhalb der letzten Jahre zu einer stattlichen Flotte gemausert. Heute lag mit ihm die „AdiaRam" im Hafen. Als drittes lag am Kai noch ein wesentlich kleineres Schiff, es hieß „MS Sanibar". ,Sicher auch ein Klassiker, so wie wir', dachte er stolz. Weit in der Ferne lag noch ein viertes Schiff, es glich allerdings eher einer Jacht und war so klein, dass er es mit bloßem Auge kaum erkennen konnte. Plötzlich trat Joachim zu ihm. Um seinen Hals hatte er eine große Kamera hängen. „Na, geht es dir besser?", fragte er Udo. Dieser nickte. „Ich gehe jetzt an Land, siehst du die Kaimauer dahinten?", fragte er Udo. „Hm", machte Udo, denn man sah aufgrund der drei Schiffe nicht wirklich etwas von der Mauer. „Das soll ganz toll sein", sprach Joachim mit schwärmerischer Stimme, „auf der Mauer sollen sich Zeichnungen der unterschiedlichsten Schiffe befinden. Das hat einen historischen Hintergrund. Früher war es das Abschiedszeichen, wenn ein großes Schiff den Atlantik überquerte, sozusagen als letzten Gruß." Da Udo nichts antwortete, klopfte Joachim ihm zum Abschied auf die Schulter und verschwand. Udo überlegte sich, zum Heck zu gehen, um einen besseren Blick auf die Stadt Funchal zu bekommen, die an einem großen, grünen Berg klebte. Als er beim Pool-Deck um die Ecke bog, sah er Corina mit der Chefstewardess plaudern. Unfreiwillig hörte er, wie Helga zu Corina sagte: „Ach, Schwesterherz, das wird schon, bis heute

Abend ist er wieder fit." Udo traute seinen Ohren nicht, Corina und Helga waren Schwestern? Die Sache wurde immer dubioser. Nachdenklich kehrte er zurück auf seine Kabine. Dort angekommen fand er eine Einladung für einen Sektempfang am frühen Abend auf der Brücke vor. Es war eine Einladung vom Kapitän für treue Stammgäste, wie er lesen konnte. Nun verstand er gar nichts mehr.

Mit klopfendem Herzen öffnete er um 17 Uhr 30 die Tür zur Brücke. In Vorbereitung auf den Abend war er bereits mit einem schicken, dunklen Anzug bekleidet. Darunter trug er ein weißes Hemd und eine dezente rot-schwarz gemusterte Krawatte. Statt des Kapitäns, den er erwartete, sah er Corina. Lächelnd stand sie neben einem Tisch, auf dem zwei Gläser, gefüllt mit Champagner, standen. Sie trug ein langes, rotes, schulterfreies Abendkleid und sah einfach nur bezaubernd aus. Sie kam auf ihn zu und reichte ihm ein Glas. „Es freut mich, dass es dir wieder besser geht, Udo." Dieser nickte und sah sich um, sie waren tatsächlich ganz allein auf der Brücke. „Ich muss mich bei dir entschuldigen. Ich habe dich belogen. Ich mache schon viele Jahre Kreuzfahrten, immer auf diesem Schiff. Die Chefstewardess ist meine Schwester. Als ich dein Bild im Internet gesehen hatte, habe ich mich sofort in dich verliebt. Ich wusste nicht, wie ich es anders anstellen sollte, dich kennenzulernen." Udo lachte befreit auf. „Dann wusstest du die ganze Zeit, dass ich gar kein Vielfahrer bin?" „Natürlich", antwortete sie, der ‚Vielfahrer' bin doch ich, aber ist das jetzt noch wichtig?" „Nein", meinte er. Sie stießen an. Dann nahm er ihr das Glas aus der Hand, umarmte sie und als sich ihre Lippen zu einem ersten, richtigen Kuss trafen, kribbelte es bei beiden gewaltig. „Und ich dachte, ich müsste bis Mitternacht warten", sagte sie spitzbübisch. Das ließ sich Udo nicht zweimal sagen und küsste sie erneut. Von dem großen Silvesterfeuerwerk über der Stadt Funchal und den Kreuzfahrtschiffen bekamen sie übrigens nichts mit. Gleich nach dem Gala-Dinner verschwanden sie in Udos Kabine, wo eine gut gekühlte Flasche Champagner sie erwartete. „Du hast vor einigen Tagen gesagt, dass du nicht auf eine Urlaubsbekanntschaft aus bist", meinte Udo fragend, als er die Gläser füllte. „Richtig", meinte sie, „außer der Mann meint es ernst." „Woher wusstest du, dass ich es ernst meine?", fragte er mit belegter Stimme. „Joachim hat mir am Morgen erzählt, dass er dich abends an Deck beobachtet hat. Er sagte, du hättest mit dem Wasser gesprochen, da wusste ich Bescheid." Udo hob fragend eine Augenbraue. „Na, du hast mit Amphitrite gesprochen, oder?" Udo bejahte, verstand aber immer noch nichts. Corina fuhr fort: „Wirklich jeder Kreuzfahrer kennt das moderne Märchen, eine Kurzgeschichte, die „Wellengeflüster" heißt. Amphitrite ist die Beherrscherin der Meere und gibt an kritischen Meeresstellen Obacht auf die Schiffe. Nur unglücklich Verliebte können sie sehen und zu ihr sprechen. „Kennst du sie auch persönlich?", wollte Udo wissen. „Nein", lachte sie, „aber nun weiß ich, dass es sie wirklich gibt und dass es keine Sage ist. Ich hoffe, ich werde sie nie treffen." Sie gab Udo einen langen Kuss, in dem so viel Sehnsucht lag, dass seine Beine zu zittern begannen. Er war sich in diesem Moment ihrer Liebe und der Tatsache absolut sicher, dass er von seiner ‚Vielfahrerin' noch unendlich viel über Kreuzfahrten lernen würde. Sie hatte ihn ganz schön ausgetrickst, doch in der Wahl des gemeinsamen Wohnortes würde er die Nase vorn haben. Er hatte schon längere Zeit eine Immobilie am neu geschaffenen Phoenix-See im Auge. Dort gab es noch freie Eigentumswohnungen mit direktem Seeblick. „Kommst du mich am nächsten Wochenende mal in Dortmund besuchen?", fragte er. „Willst du nicht lieber erst mal zu mir in die Hauptstadt kommen?", meinte sie kokett. „Ich habe zuerst gefragt, meine Süße, und damit wirst du nach Dortmund fahren", sagte er, beugte sich über sie und verschloss mit einem langen Kuss ihren Mund.

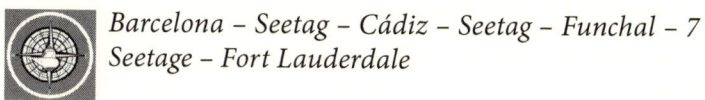
Abschied

Steffi und Andreas standen auf dem Crew-Deck ihres Mega-Liners und beobachteten den Anlauf von Funchal. Sie hatten sich vor fast einem halben Jahr an Bord kennengelernt. Bei ihrem Check-in in Fort Lauderdale waren ihre iPhones beim Security-Check versehentlich vertauscht worden. So kam es, dass Steffi, die als Weinkellnerin an Bord arbeiten wollte und Andreas, der als Eislauftrainer engagiert war, sich bereits am zweiten Tag ihres Aufenthaltes auf dem großen Schiff kennenlernten. Für beide war es Liebe auf den ersten Blick gewesen und schon nach der Crew-Party am dritten Tag wurden sie ein Liebespaar. Nach zwei Monaten zogen sie in eine frei gewordene Crew-Doppelbettkabine um und seitdem waren sie in der wenigen, gemeinsamen Freizeit unzertrennlich. Steffis Vertrag endete in sieben Tagen, wenn sie den Hafen von Fort Lauderdale erreichten, Andreas hatte noch zwei weitere Monate vor sich. Was hatten sie alles gemeinsam erlebt und gesehen. In den ersten zwei Monaten kreuzten sie ausschließlich in der Karibik. Zum Herbst hin ging es zum neuen Basishafen New York und sie fuhren bis hinauf nach Kanada zur Zeit des Indian Summers. Dann ging es hinüber nach Europa und sie befuhren eine feste Route im Mittelmeer. Bei der Transatlantiküberquerung war der Seegang heftig gewesen und selbst auf diesem Mega-Liner deutlich zu spüren. Weihnachten hatten sie ebenfalls in dem doch recht stürmischen Mittelmeer verbracht. Es war ihr erstes gemeinsames

Weihnachtsfest gewesen, doch es war wenig romantisch verlaufen. Das Schiff war ausgebucht gewesen und Steffi musste zu ihrem abendlichen Dienst auch zusätzlich mittags im Buffetrestaurant aushelfen. An den Weihnachtsabenden lief eine spezielle Eisshow und so musste Andreas jeden Vormittag mit seiner Mannschaft Extratrainings einlegen. Sie sahen sich also kaum, oft erst gegen Mitternacht in der Crew-Bar, wenn sie schon beide fast vor Müdigkeit aufgrund des langen Arbeitstages einschliefen. Dabei war das ganze Schiff wundervoll mit Tannengirlanden und Lichterkugeln geschmückt. Überall standen kleine Pfefferkuchenhäuschen und es duftete nach Zimt. Als Andreas ihr am Heiligen Abend auf ihrer Kabine ein kleines Päckchen überreichte, klopfte ihr das Herz bis zum Hals. Aber, nicht der erwünschte Verlobungsring, sondern eine Kette enthielt der Karton. An ihr hing ein kleiner Diamant in Form eines Schlittschuhs. Natürlich hatte sie sich gefreut, setzte aber insgeheim nun auf Silvester um Mitternacht für seinen Antrag. Die Reise zum Jahresausklang, welche ab Barcelona am 27. Dezember gestartet war, versprach das Highlight zu werden mit dem Feuerwerk vor der Insel Madeira. Dementsprechend waren überwiegend Amerikaner an Bord, nur eine Handvoll Deutsche und einige Spanier, die in Barcelona zugestiegen waren. Als sie sich langsam der Insel vom Meer aus näherten, meinte Andreas:

„Kein Wunder, dass wir hier auf Reede liegen werden, schau mal, wie klein der Hafen ist und soweit ich sehen kann, liegen dort schon vier Schiffe."

„Ja", stimmte Steffi zu und meinte: „Da drüben liegt noch ein ganz kleines Kreuzfahrtschiff oder ist es eher die Jacht eine Millionärs? Dann muss ich ihn kennenlernen."

Lachend und scheinbar unbeschwert warf sie ihre langen, schwarzen Haare zurück. Doch diese Leichtigkeit war gespielt. Schon seit Wochen machte sie sich Gedanken über das Ende ihrer Zeit an Bord. Würde es auch das Aus der Beziehung mit Andreas bedeuten? Sie wünschte es sich nicht. Sie liebte ihn inzwischen so sehr, dass sie sich nicht vorstellen konnte, ohne ihn zu sein. Erst im Frühjahr war ihr geliebter Vater verstorben und sie war sich sicher, einen weiteren Verlust in so kurzer Zeit nicht ertragen zu können. Andreas sprach nie mit ihr über die Zeit nach ihren Engagements. Immer wenn sie versuchte das Gespräch in die Richtung zu lenken, blockte er ab. Dabei liebte er sie, da war sie sich ganz sicher, sie spürte es an seinen liebevollen Blicken. Andreas schaute auf die Uhr.

„Da musst du dich aber beeilen mit deinem Millionär, die Liegezeit endet für die Crew heute um 19 Uhr 30 und jetzt ist es schon 17 Uhr."

Steffi streckte ihm die Zunge raus und sagte:

„Ja und mein Dienst im Manhattan-Room-Restaurant beginnt heute sogar schon um 19 Uhr. General Cleaning ist angesagt, die Schiffsleitung macht sich heute schon verrückt wegen des baldigen Anlaufs von Amerika."

Andreas nickte und grinste.

„Dann wäre diese Sache ja geklärt."

Er griff zu seinem iPhone und meinte an Steffi gewandt:

„Ich will kurz meine Mutter anrufen."

Er ging einige Schritte zur Seite. Steffi seufzte, so war es immer mit ihm, er wich ihr auch bei solchen Anspielungen geschickt aus. Jetzt vermisste sie wieder ihre Freundin Jana. Vier Monate hatten sie gemeinsam im Restaurant gearbeitet. Jana war es auch gewesen, die ihr am ersten Tag bei der Suche nach ihrem vertauschten Telefon behilflich gewesen war. Sie war mit dem Bordfotograf liiert, John, einem großen Farbigen aus Costa Rica. Als ihr Vertrag vor zwei Monaten im Mittelmeer endete, ging John gemeinsam mit ihr von Bord. Seine Strafe für die vorzeitige Beendigung seines Engagements zahlte er mit einem Lächeln. Dafür folgte ihm Jana in seine Heimat und gemeinsam eröffneten sie in Puerto Limón eine gut gehende Cocktailbar. So konnte es eben auch gehen. Sie hatten sogar eine eigene Facebook-Seite und Jana hatte Steffi schon mehrmals eingeladen, nach ihrem Abstieg in Fort Lauderdale einige Tage dort Urlaub zu machen, bevor sie nach Deutschland zurückkehren würde. Vielleicht würde sie das sogar tun. Sie wusste ohnehin nicht, wo und an welchem Ort sie als Nächstes arbeiten wollte. Für sie hing alles von Andreas ab. Als Weinkellnerin konnte sie auf der ganzen Welt arbeiten, doch wohin würde ihn sein nächster Job führen? Auch darüber sprach er nie. Er kehrte zu ihr zurück.

„Alles in Ordnung mit Mama?", fragte sie.

Er bejahte und lächelte glücklich. In diesem Moment ließ der Mega-Liner seine Ankerkette hinunter. Es rasselte ganz fürchterlich und Steffi hielt sich die Ohren zu.

„Komm", sagte Andreas und nahm Steffis Hand, „einen Gang durch die Stadt Funchal schaffen wir noch."

Kurze Zeit später legten sie mit dem Tenderboot im Hafen von Funchal an. Doch anstatt in Richtung Stadt zu gehen, zog Andreas sie zur anderen Seite. Fragend hob sie die Augenbraue.

„An der Kaimauer sollen einzigartige Zeichnungen von Schiffen zu sehen sein, die möchte ich schnell fotografieren."

Ergeben trottete sie neben ihm her. „Schnell" kannte sie bei ihm inzwischen in Bezug auf Fotos. Das konnte dauern. So war es dann auch heute. Haarklein und mit einer totalen Ruhe fotografierte er die vielen, einzelnen Zeichnungen auf der Mauer. Sicher, sie waren eindrucksvoll, aber Steffi hatte sich wirklich auf einen Besuch der Stadt gefreut. So setzte sie sich auf einen Poller und betrachtete die drei Kreuzfahrtschiffe, die hier an der Pier vor ihr lagen. Das Erste war tiefblau und seine gläserne Brücke glitzerte in der Sonne.

„Glücksgefühle" las sie ein Wort am Rumpf, den noch viele weitere Wörter zierten, die fehlten ihr gerade komplett. Das Schiff dahinter schmückte ein roter Kussmund am Bug. Es hatte sogar Augen und ihr war es gerade so, als ob ihr das Schiff zuzwinkerte.

,Werde ich jetzt verrückt?', dachte sie.

Doch dann las sie den Schiffsnamen und ihr fiel wieder ein, dass sie es zuletzt in der Karibik getroffen hatten. Damals in La Romana hatten sie hinter dem Schiff gelegen und zu später Stunde hatte sie auf dem Crew-Deck den ersten Sex mit Andreas gehabt. Das Schiff schien sie wiedererkannt zu haben.

„Meinst du, Schiffe haben auch eine Seele?", rief sie ihrem Freund zu, der eifrig und konzentriert fotografierte.

„Hm", gab dieser zurück, ein sicheres Anzeichen, dass er ihr nicht zugehört hatte. Das dritte Schiff war wesentlich kleiner und hatte einen orangen Schornstein. Steffi betrachtete die Menschen, die mühsam die steile Gangway hinaufschritten. Sie waren alle schon älter.

Plötzlich fiel ihr ein Mann auf, der unweit von ihr ebenfalls auf einem Poller saß. Sie kannte ihn. Er war seit Barcelona Stammgast im Manhattan-Room-Restaurant. Ihr Schiff verfügte über zwanzig Restaurants, von denen zwei zuzahlungspflichtig waren, ihres und das Steak-Restaurant, der „Barbecue-Grill", der weit mehr als ein Grill war, sondern Steaks auf höchstem Niveau bot. Im Laufe der Reise aßen immer mal Passagiere in den kostenpflichtigen Restaurants, doch nie war es bisher vorgekommen, dass ein Gast jeden Abend kam. Sein Name war Antoni Maestro. Sie schätzte ihn um die 60 Jahre. Er war jeden Abend ganz in schwarz gekleidet, was einen interessanten Kontrast zu seinen grauen Haaren bot. Seine Sprachbegabung beeindruckte sie ebenfalls. Neben seiner Muttersprache konnte er sich scheinbar mühelos und fast akzentfrei auf Englisch,

Italienisch, Französisch, Deutsch und sogar auf Russisch verständigen, wie Steffi in den letzten Tagen beobachtet hatte. Heute trug er zu seinem schwarzen Outfit zusätzlich eine dicke, schwarze Sonnenbrille und eine Baseballkappe, ebenfalls in schwarz. Sie konnte nicht ausmachen, wohin er schaute. Sein Kopf war der Kaimauer zugewandt. Steffi schlenderte hinüber und begrüßte ihn. Er nickte förmlich.

„Mein Freund fotografiert schon seit gefühlten Stunden diese Bilder auf der Mauer", begann sie zögerlich ein Gespräch.

„Das ist gut so", bekam sie zur Antwort.

Da endlich kam Andreas, grüßte ebenfalls den Gast und sagte:

„So, fertig, komm, einen echten portugiesischen Galão schaffen wir noch im Jachthafen."

Steffi folgte ihm.

„Was ist das für ein Getränk?", wollte sie wissen.

„Eine Mischung aus Espresso und heißer Milch, ähnlich wie ein Latte Macchiato", meinte Andreas. Als sie in einem Café Platz genommen hatten, meinte er:

„Was wollte denn dieser Mann von dir?"

Steffi zuckte die Schultern und antwortete:

„Nichts, ich habe ihn angesprochen, er ist doch Passagier bei uns und isst jeden Abend in meinem Restaurant."

„Ich weiß, dass er Passagier ist", gab Andreas zur Antwort, „mit dem stimmt nämlich was nicht."

„Wieso?", fragte Steffi.

„Ich habe beobachtet, dass er sich niemals fotografieren lässt, wenn er an Land geht. Zückt an Deck ein Passagier seine Kamera und könnte ihn im Ansatz erfassen, läuft er weg. Dabei fotografiert er doch selbst jedes kleinste Detail an Bord und an Land. Und dann permanent diese schwarzen Klamotten, als ob es keine andere Farbe auf der Welt für ihn geben würde."

„Na, vielleicht ist er ein wenig kamerascheu und dazu in Trauer", mutmaßte Steffi, „von mir lässt er sich jeden Abend seinen Castillo Ygay von 2005 servieren. Er scheint zumindest ein Genießer zu sein."

„Das passt zu ihm", meinte Andreas, „der Wein ist ja auch fast schwarz."

Er nahm seine Kamera und schaute seine eben gemachten Aufnahmen mit einer zufriedenen Miene durch. Steffi blickte sehnsuchtsvoll gen Stadt, doch ein Blick auf die Uhr verriet ihr, dass sie mit dem nächsten Tenderboot zurück zum Schiff fahren musste, damit sie pünktlich ihren Dienst antreten konnte.

Antoni Maestro wartete, bis Steffi und Andreas außer Sichtweite waren. Zeugen hatten ihm jetzt gerade noch gefehlt. Die drei Tage auf dem Schiff nicht aufzufallen, war anstrengender als gedacht gewesen. Dabei hatte er gedacht, dass es auf einem großen Mega-Liner anonym zugehen würde. 4.000 Passagiere, dazu die Crewmitglieder und doch schien man ihn zu kennen. Dabei aß er abends extra, um Bekanntschaften zu vermeiden, immer in dem kleinen Restaurant. Doch selbst mit seiner Maskerade aus Sonnenbrille und Kappe hatte ihn die kleine Weinkellnerin noch erkannt. Die zwei vergangenen Seetage an Bord waren für ihn der Horror gewesen. Egal wo er stand, ständig wurde er von ihm unbekannten Personen mit belanglosem Zeug angesprochen. Auf den Decks fotografierten die Passagiere ununterbrochen, so hielt er sich die meiste Zeit in seiner Kabine auf. Er kannte das natürlich alles von seinen bisherigen Kreuzfahrten, doch das waren immer kleinere, klassische Schiffe gewesen. Dass man auf einem Mega-Liner ein so gläserner Passagier sein konnte, wunderte ihn. In Cádiz hatte er sich nach den Erfahrungen des ersten Tages ein Auto im Hafen gemietet und auf den weiten Weg zum Felsen von Gibraltar gemacht. Die Fahrt dauerte gut zwei Stunden und führte über zahlreiche, unbefestigte Straßen, doch der Ausblick auf die Wasserstraße hatte ihn entschädigt. Viele Frachter lagen dort und auf dem Meer herrschte ein geschäftiges Treiben. Er hatte sogar ein Kreuzfahrtschiff gesehen, innig dachte er in dem Moment an seine Frau. Zurück in der Wirklichkeit angekommen, zückte er seine Kamera und begann mit großer Sorgfalt jedes einzelne Schiffsbild an der Kaimauer gleich mehrfach zu fotografieren. Dabei schaute er seltsam traurig aus. Er benötigte eine volle Stunde. Die Sonne stand zur optimalen Belichtung der Fotos glücklicherweise trotz der frühen Abendstunde noch hoch genug am Himmel, aber sie ließ ihn in seiner schwarzen Kleidung dafür gewaltig schwitzen. Als er mit den Aufnahmen fertig war, setzte er sich wieder auf den Poller. Aus seiner Hosentasche kramte er ein nicht besonders saubereres Taschentuch hervor, mit welchem er sich notdürftig den Schweiß abwischte, der auf seinem Gesicht in Bächen hinunterlief. Dann begann er in seiner Bauchtasche zu wühlen und entnahm ihr einen kleinen Spachtel. Er trat erneut auf die Mauer zu, vergewisserte ich, dass er unbeobachtet war und begann an einer der Zeichnungen zu kratzen. Es blätterte jedoch kaum Farbe ab.

„Was machen Sie denn da?", ertönte hinter ihm eine laute, schrille Frauenstimme.

Er drehte sich um und sah drei Frauen, die in etwa sein Alter hatten.

„Ich bin Geologe und nehme eine Gesteinsprobe", sagte er mit ruhiger, fester Stimme und in fast akzentfreiem Deutsch. Mit einem lapidaren Kommentar wandte sich die Frau von ihm mit einer Entschuldigung ab und trottete den anderen hinterher, die weitergegangen waren. Er begann wieder zu schwitzen. Erst jetzt wurde ihm bewusst, dass hinter ihm drei Kreuzfahrtschiffe an der Pier lagen und er hier wie auf dem Präsentierteller stand. Schnell packte er den Spachtel wieder in seine Tasche. Er schaute sich um, er musste schnellstens weg von hier. Da war ihm das Glück hold, denn soeben kam auf der Pier ein Taxi vorgefahren. Er ließ die drei Menschen, ein Paar mit einem kleinen Kind, kaum aussteigen, da warf er sich schon auf den frei gewordenen Beifahrersitz. Auf Portugiesisch sagte er zu dem Fahrer, der sichtlich überrascht über den raschen Zustieg war: „Schnell, fahren Sie mich in die Innenstadt, Rue Comandante Camacho De Freitas, dort ist ein Geschäft für Malerbedarf." Der Fahrer nickte, wendete das Taxi und preschte aus dem Hafen.

„Diese Touristen haben die merkwürdigsten Ideen", befand er, freute sich aber, dass der Mann so gut Portugiesisch sprechen konnte.

Steffi polierte wütend im „Manhattan-Room-Restaurant" die Weingläser.

„Die armen Gläser, was haben sie dir bloß getan?", meinte der Maître, als er an ihr vorbeiging. Sie sah auf. Als sie ihr Spiegelbild in der Eingangstür sah, erschrak sie. Sie hatten einen derart wütenden Gesichtsausdruck und das fünf Minuten vor dem Start des Gala-Menüs zu Silvester. Erst jetzt wurde ihr auch bewusst, dass sie die armen Gläser mit einer Intensität poliert hatte wie andere Menschen den Boden im Badezimmer schrubbten.

„Entschuldigung", murmelte sie und versuchte ein Lächeln. Ihr Chef winkte ab. Sie war nicht nur so wütend, weil sie die Stadt Funchal nicht gesehen hatte. Auf der Rückfahrt im Tenderboot informierte Andreas sie darüber, dass er den Start des neuen Jahres um Mitternacht in der Crew-Bar mit seinem Team begehen wollte. Als sie auf das bestimmt grandiose Feuerwerk verwies, welches man doch viel besser zu zweit vom Crew-Deck aus bewundern sollte, lehnte er ab.

„Soooo toll wird das auch nicht sein, die Jungs hatten eine harte Saison und viele von ihnen steigen in Fort Lauderdale aus, da wollen wir nach der Show noch mal feiern. Außerdem hast du doch bis 23 Uhr 30 Dienst", erklärte er.

„Ich steige auch in Fort Lauderdale aus", zickte sie herum.

„Ja", gab er zurück, „aber das ist doch nicht unser letztes Silvester, wenn auch vielleicht das Letzte an Bord und du kannst doch dann auch um Mitternacht dazukommen."

Steffi hob den Kopf und sah ihn fragend an.

„Ich wollte es dir eigentlich erst morgen sagen, ich steige auch in Fort Lauderdale aus, der neue Eislauftrainer ist heute schon an Bord gekommen, damit ich ihn in den nächsten Tagen einweisen kann. Ich will ihn heute Abend der Mannschaft vorstellen."

Steffis Herz begann zu klopfen. Er ging mit ihr von Bord! Gut, dass sie den Flug nach Costa Rica noch nicht gebucht hatte.

Sie umarmte ihn innig und fragte:

„Dann fliegen wir gemeinsam zurück nach Hamburg?"

Er schob sie ein wenig zur Seite.

„Nein, ich fliege direkt nach Schanghai."

„Nach Schanghai?"

„Ja", meinte er, „dort sind doch die Eiskunstlaufweltmeisterschaften im nächsten Jahr und ich habe eine Trainingsanfrage von dem chinesischen Top-Paar. Sie wollen, dass ich sie trainiere."

Steffi schluckte, dann begann sie zu weinen. Andreas sah sie kopfschüttelnd an:

„Das kann der ganz große Durchbruch für mich werden, davon habe ich immer geträumt. Sie haben sich mit ihrem derzeitigen Trainer überworfen und sogar den vorzeitigen Ausstieg hier aus dem Vertrag bezahlt, außerdem einen üppigen Vorschuss."

„Und wir?", schluchzte Steffi.

„Na, du wolltest doch jetzt ohnehin an Land bleiben, schau, was sich für dich nun für Möglichkeiten ergeben und wenn ich im April in China fertig bin, dann schauen wir mal, wo du gerade bist."

Steffi schwieg daraufhin beharrlich bis zur Ankunft des Tenderbootes am Mega-Liner. Er verabschiedete sich auch relativ wortkarg von ihr und meinte nur:

„Bis nachher dann."

Inzwischen war die Trauer einer großen Wut gewichen. Der Traum von einem Leben zu zweit war in weite Ferne gerückt. Der Abschied stand kurz bevor. Nun würde sie nicht zwei Monate, sondern vier auf ihn warten müssen. Und wer weiß, vielleicht blieb er sogar in Schanghai, wenn er dort Erfolg hatte. Kein Wunder, dass er mit dem Handy immer wegging, wenn er mit seiner Mutter telefonierte, diese wusste bestimmt über die Reisepläne ihres Sohnes bestens Bescheid. Ob er sie eigentlich wirklich liebte? Vielleicht war das hier auf dem Schiff mit ihr auch einfach nur bequem gewesen und sie hatte sich seine Liebe eingebildet?

Zur selben Zeit saß Andreas an der Theke der Eis-Bar, die sich neben der Eislauffläche tief im Bauch des Schiffes befand. Unberührt stand das Getränk seit zehn Minuten vor ihm.

„Na", meinte Michael, der auch aus Deutschland kam und mit dem sich Andreas in den letzten zwei Monaten angefreundet hatte, „gibt es Probleme?"

„Ja", gab Andreas zu. „Ich habe Steffi heute von Schanghai erzählt. Sie versteht das nicht. Hat sogar geweint. Ich meine, ich liebe sie über alles, uns wird die Zukunft gehören, aber ich will ihr doch auch einen gewissen Lebensstandard bieten. Sie soll doch nicht bis ans Ende ihrer Tage irgendwo als Weinkellnerin durch die Lande tingeln müssen. Ich möchte Kinder mir ihr haben, Familie, das kostet doch alles viel Geld."

Michael nickte und meinte:

„Vielleicht redet ihr einfach in den nächsten Tagen noch mal in Ruhe über alles, sie muss das ja auch erst mal verarbeiten. Vier Monate Trennung sind eine lange Zeit, nachdem ihr hier auf dem Schiff fast ein halbes Jahr täglich zusammen ward."

Mit hilfloser Miene stimmte Andreas zu und trank den inzwischen kalten Kaffee mit einem Zug aus. Er musste auf die Eislaufbahn, die Aufwärmphase für die Show heute Abend begann in Kürze.

Währenddessen waren die ersten Gäste im Manhattan-Room-Restaurant eingetroffen. Sie alle waren zu diesem besonderen Abend sehr festlich gekleidet, die Herren zumeist in dunklen Anzügen und die Damen in atemberaubenden Abendkleidern in allen Farben des Regenbogens. Steffi bemerkte, dass Tisch 2 leer blieb. Sie sah im Computer nach und fand erwartungsgemäß die Reservierung von Antoni Maestro für 20 Uhr. Jetzt war es schon fast 20 Uhr 30, er war in den letzten Tagen stets pünktlich gewesen. Sie fragte ihren Chef, den Maître, ob sie auf seiner Kabine anrufen sollte. Dieser stimmte zu, übernahm aber selbst das Telefonat. Als Steffi von einer ausgelieferten Weinbestellung zurückkam, unterrichtete er sie mit leiser Stimme:

„Herr Maestro lässt sich entschuldigen, ihm ist nicht ganz wohl und er hat vergessen, die Reservierung zu stornieren."

Steffi nickte nur kurz, denn der Service forderte ihr heute ihr ganzes Talent ab. Die meisten Gäste wollten zur Feier des Tages einen ganz besonderen Wein trinken und so hatte sie alle Hände voll mit der Beratung zu tun. An Tisch 10 saß ein Ehepaar im mittleren Alter, welches wie sie aus Deutschland kam. Sie waren schon das dritte Mal während der Kreuzfahrt in ihrem Restaurant und stets sehr nett und freundlich gewesen. Der Mann war ein wahrer Weinkenner und wählte auch heute vorzüglich aus. Bei ihrem zweiten Besuch waren sie nach dem Essen ins Gespräch gekommen. Steffi erfuhr, dass die Frau Autorin war und maritime Kurzgeschichten schrieb, die auf Kreuzfahrtschiffen spielten. Sie hatte sogar mal eine Geschichte aus Sicht eines Weinkorkens auf See verfasst. Das hatte Steffi sehr gefallen. Heute brachte die Frau Steffi das Buch, in dem sich die Geschichte befand, als Geschenk mit. Steffi strahlte.

„Na, nun lächeln Sie wieder, das fehlte mir heute", meinte der Mann.

„Dirk", meinte die Frau vorwurfsvoll, „das geht uns nun wirklich nichts an."

„Vielleicht wäre es eine gute Vorlage für eine neue Geschichte für dich", meinte er augenzwinkernd.

Steffi lachte herzlich und sagte:

„Nein, das glaube ich nicht, Weinkellnerin auf See trifft bindungsunfähigen Eislauftrainer ist sicher keine spannende Story."

Die Frau lächelte ihr aufmunternd und, wie es ihr schien, fast mütterlich zu. Das tat ihr gut. Als sie den Tisch verließ, sah sie jedoch, wie die Frau einen kleinen Block aus ihrer Handtasche nahm und schnell etwas notierte, bevor sie mit ihrem Mann das Glas zum Anstoßen erhob.

Zur selben Zeit ließ sich ein Mann im Weihnachtsmannkostüm mit dem Tenderboot von dem Mega-Liner an Land übersetzen. Auf seinem Rücken hatte er einen großen Leinensack geschultert. Der wachhabende Bootsmann, der die Überfahrt durchführte, grinste nur und wunderte sich kein wenig, er vermutete einen Gag der Reederei. Als er den Weihnachtsmann auf Englisch ansprach und dieser nur hilflos die Schultern zuckte, ging er davon aus, dass der Mann sicher von Madeira kommen würde und seine Sprache nicht verstand.

‚Das muss ich nachher meinen Jungs in der Crew-Messe erzählen', dachte er schmunzelnd, ‚ich habe heute den Weihnachtsmann getendert.'

Als sie am Hafen ankamen, zeigte der Bootsmann auf seine Uhr, um 23 Uhr würde das letzte Tenderboot von Land aus abfahren. Doch der Weihnachtsmann schüttelte nur den Kopf. Die Dunkelheit war bereits hereingebrochen und verschluckte den Weihnachtsmann in nur wenigen Minuten. Der Bootsmann wunderte sich nicht, dass er den Weg nach links anstatt nach rechts in die Stadt einschlug. Er ging davon aus, dass dieser nun auch noch die anderen Kreuzfahrtschiffe belieferte. Als Antoni Maestro die Kaimauer erreichte, zog er blitzschnell den Mantel aus und ließ ihn in einem Mülleimer verschwinden. Heute Nachmittag hatte er alle Details genau ausgekundschaftet, um nur nichts dem Zufall zu überlassen. Unter dem Mantel trug er wie immer ausnahmslos schwarze Kleidung. Dann öffnete er seinen Sack und entnahm ihm einige schwarze Farbtuben und eine dicke, breite Pinselrolle. Auf die Kaimauer fiel kein Licht und so konnte er ungesehen seinem Vorhaben nachgehen. Mit dem letzten Tenderboot fuhr er zum Schiff zurück. Es hatte ein Personalwechsel stattgefunden und der neue Bootsmann wunderte sich nicht über den ganz in schwarz gekleideten Mann, er hatte diesen Gast schon oft gesehen in den letzten Tagen. Zurück an Bord ging Antoni in seine Kabine und zog noch zusätzlich ein schwarzes Jackett über. Dann begab er sich an Deck. Es war 23 Uhr 30. Einige Minuten lang genoss er den fantastischen Blick auf die hell erleuchtete Hafenstadt Funchal. Sie glitzerte in allen Farben. Dazu die Schiffe, die in ihrem Hafen lagen und ihre eigenen Lichter einbrachten.

Was für ein hübscher Kontrast zu der ins dunkle Licht getauchten Kaimauer, die nun nicht mehr nur von der Seeseite, sondern auch von der Landseite aus für immer schwarz sein würde. ‚Ein würdigen Abschied habe ich Funchal hinterlassen', dachte er. Selbst das Meer schien in schwarzer Farbe zu schimmern, jedenfalls kam es ihm so vor. Da sah er plötzlich einsam und allein die nette Weinkellnerin Steffi an der Reling stehen. Sie weinte. Er ging zu ihr und sprach sie an. Sie erschrak, erkannte ihn dann aber sofort und wischte sich schnell die Tränen aus den Augen. Das berührte ihn sehr. Gab es Menschen, die noch trauriger waren als er?

„Ich habe Sie beim Abendessen vermisst", sagte sie, um normale Konversation bemüht.

„Ja, ich brauchte ein wenig Zeit für mich", meinte er mit geheimnisvoller Stimme.

„Haben Sie denn gar keinen Hunger?", wollte sie wissen.

„Doch", gab er zurück, „wenn das Feuerwerkspektakel vorbei ist, werde ich noch zum Mitternachtsbuffet gehen."

Steffi nickte.

„Und Sie gehen mal besser zu ihrem Freund", schlug er vor, „der wartet sicher schon auf sie."

Erstaunt über seine Anteilnahme drehte sie sich zu ihm um.

„Nein", gab sie zur Antwort, „der feiert mit seinen Jungs und dann fliegt er nach Schanghai."

Antoni verstand gar nichts, er wollte das eigentlich auch nicht. Keine persönlichen Spuren zu hinterlassen, war sein Ziel gewesen, doch die junge Frau erwärmte irgendwie sein Herz. Er stellte nur ein paar kurze Fragen, da brach es aus ihr heraus. Bis Mitternacht erfuhr er alles vom plötzlichen Tod ihres Vaters, der sie auf diesem Schiff anheuern ließ vor einem halben Jahr, von dem vertauschten iPhone bis hin zu dem nicht bindungswilligen Freund aus ihrer Sicht, der nach Reiseende lieber seinen Karrierewünschen nachging, als mit ihr ein gemeinsames Heim irgendwo auf dieser Welt zu gründen.

Antoni schwieg die ganze Zeit. Als die ersten Raketen von der Stadt Funchal aus in den Nachthimmel geschossen wurden, sagte er nur:

„Manchmal ist ein Abschied auch ein Neubeginn, man darf nicht immer alles so schwarz sehen." Nun begann Steffi zu lachen.

„Und das sagen ausgerechnet Sie?"

Verständnislos schaute er sie an.

„Na, Sie sind doch die Farbe Schwarz in Person, sie tragen nur schwarze Kleidung, trinken fast schwarzen Wein, ich habe mich schon gefragt, ob Sie in Trauer sind."

Erschrocken über ihre eigenen Worte, presste sie sich die Hand auf den Mund. Sie war in der Kommunikation mit diesem Gast eindeutig zu weit gegangen. Er legte ihr jedoch beschwichtigend den Arm auf die Schulter.

„Lassen Sie mal, das ist schon in Ordnung. Mein Abschied war gestern, heute ist mein Neubeginn. Ich wünsche Ihnen ein gutes neues Jahr." Als sich ein Kellner mit einem Tablett Sektgläser näherte, lud er Steffi auf ein Glas ein. Sie zögerte zwar, denn ihr war es normalerweise nicht gestattet, an Deck mit den Passagieren etwas zu trinken, doch Antoni bestand darauf. Was er ihr dann anvertraute, ließ sie das Feuerwerk am Himmel vergessen, so verblüffend und unglaublich erschien ihr die Geschichte.

„Das bleibt aber unter uns", meinte er, als er endete.

Sie sah ihm direkt in die Augen. Sein Blick war seltsam verklärt, fast wirr. Doch nur für einige Sekunden, sodass sich Steffi nicht sicher war, ob sie sich nicht getäuscht hatte. Ihre Gläser waren längst leer.

„Ja", versprach sie.

„Und nun gehen sie endlich zu ihrem Freund und denken Sie an das, was ich gesagt habe, ein Abschied ist auch ein Neubeginn."

Steffi bedankte sich und ging davon.

Antoni blieb an Deck und sah sich die restlichen Feuerwerke der anderen Schiffe an. Er hatte seine Prinzipien gebrochen. Er war auffällig geworden und zu guter Letzt, als alles geschafft war, hatte er sein Geheimnis an eine traurige Weinkellnerin ausgeplaudert. Warum hatte er das nur getan nach all der Vorsicht? Er begriff, dass er gar nicht beabsichtigte, die Kreuzfahrt fortzusetzen und in Fort Lauderdale ein neues Leben zu beginnen. Er wollte hier in Funchal bleiben, am Ort des Geschehens, für immer ohne Abschied. Nun, wo das Mädchen Bescheid wusste, musste er handeln. Rasch ging er auf seine Kabine, packte schnell das Nötigste zusammen und suchte dann den Bordarzt auf.

Als Steffi die Crew-Bar erreichte, war die Silvesterparty noch immer in vollem Gange. Es hingen Luftschlangen von der Decke und überall waren liebevoll Ballons an den Wänden aufgehängt worden. Die philippinischen Jungs vom Zimmerservice hatten es irgendwie geschafft, den Staubsauger in eine Konfettikanone zu verwandeln und hatten einen Heidenspaß. Steffi fand Andreas an der Bar mitten unter seiner Mannschaft. Als er sie kommen sah, stand er auf, ging ihr entgegen und schloss sie liebevoll in die Arme. In dem Moment erklang aus der Musikanlage „Unter Deiner Flagge" vom Graf von Unheilig. Michael, der Kellner der Eisbar, der in der Crew-Bar in seiner Freizeit die DJ-Funktion übernahm, sah zu Andreas hinüber und hielt beide Daumen hoch. Andreas zog Steffi ohne ein weiteres Wort zur Tanzfläche und gemeinsam bewegten sie sich engumschlungen zur Musik. Die anderen Crewmitglieder bildeten einen Kreis um sie und klatschten. Als das Lied endete, küssten sie sich innig und die umstehenden Personen applaudierten.

„Ein frohes neues Jahr, liebe Steffi", sagte Andreas mit rauer Stimme.

„Das wünsche ich dir auch", gab sie zurück.

„Ich liebe dich und wenn ich in Schanghai fertig bin, dann führt mich mein erster Weg zu dir", versprach er.

„Ich freue mich darauf", meinte sie und ergänzte, „ich werde nicht direkt nach Hamburg fliegen, ich möchte Jana und John noch in Costa Rica besuchen."

„Das ist gut so", antwortete er, „vielleicht können sie auch Hilfe in ihrer Bar gebrauchen."

„Ja, mal sehen", gab sie zurück.

Mit einem Glas Sekt an der Bar stießen sie danach an. Das neue Jahr war gekommen, der Abschied stand bevor, doch Steffi spürte in sich einen tiefen Neubeginn. Sie fühlte, dass Andreas und ihre Beziehung eine weitere Stufe erklommen hatten auf dem Weg zum endgültigen Glück. Antonis Worte waren in ihr nicht verhallt, sie hatte sie in ihr Herz geschlossen. Plötzlich verstummte die Musik in der Crew-Bar. Alle schauten irritiert auf. Aus dem Bordlautsprecher erklang die Stimme des Kapitäns:

„Liebe Gäste, liebe Crew-Mitglieder, Ich wünsche Ihnen allen ein gesundes und gutes Jahr 2015. Es ist 1 Uhr 30 am frühen Neujahrsmorgen. Wir sind bereit, die wunderschöne Insel Madeira in Kürze zu verlassen. Unser nächster Hafen wird Fort Lauderdale sein, den wir in sieben Tagen erreichen werden. Wir benötigen noch 15 Minuten, um unser Tenderboot an Bord zu holen, welches aufgrund besonderer Umstände nochmals die Überfahrt zum Hafen von Funchal antreten musste. Wir bitten um Ihr Verständnis und wünschen noch einen fröhlichen Jahresausklang bzw. einen guten Jahresbeginn."

„Antoni", vermutete Steffi, „er ist bestimmt an Land zurückgekehrt. Den hatte ich ja ganz vergessen, wie schade, dass sein Neubeginn nicht geklappt hat."

Fragend sah Andreas sie an.

Nachlese

Kaimauer von Funchal – Anwohner sehen schwarz

Da staunten die Anwohner von Funchal nicht schlecht. Als heute, am 1. Januar 2015, über der Hafenstadt die Sonne aufging, sahen sie sozusagen schwarz. Quasi über Nacht waren alle maritimen Schiffsbilder verschwunden, die die Kaimauer seit Jahren zierten. Die Polizei eilte sofort zum Hafen und suchte nach Spuren. Sie konnte jedoch lediglich feststellen, dass die Bilder mit einer speziellen, schwarzen Farbe übermalt waren. Experten schätzten das Gesamtkunstwerk sofort als verloren ein, versuchten aber seitdem, die schwarze Farbe mühevoll mit Spachteln abzutragen. Der Bürgermeister der Stadt gab bekannt, dass die Kaimauer in diesem Jahr als Weltkulturerbe der UNESCO eingereicht werden sollte. Die Schiffsbilder gingen auf eine lange Tradition zurück. Früher galt sie als eine Art Logbuch. Die großen Schiffe, die ins ferne Amerika von hier aus starteten, hinterließen einen letzten Gruß. Die Polizei tappte bei den Ermittlungen noch im Dunkeln. Mehrere Kreuzfahrtschiffe hatten in der Silvesternacht im Hafen von Funchal oder auf Reede gelegen. Der Bürgermeister sei sich sicher, den bzw. die Schuldigen an Bord eines dieser Schiffe zu finden. Beamte hätten zu Ermittlungszwecken Kontakt zu den Schiffen aufgenommen.

Pressemeldung der Tageszeitung von Funchal „Diário de Notícias", 01. 01. 15, 10 Uhr Ortszeit

Neue Welt

Die Landfrauen hatten einen letzten Seetag auf dem Weg nach Las Palmas und dösten entspannt in ihren Liegestühlen auf Deck 12, als sie die Nachricht hörten. Rita fuhr wie von der Tarantel gestochen hoch.

„Seht ihr, ich hatte doch recht", rief sie.

Fragend schauten die anderen zwei sie an.

„Na, dieser Mann, der ganz in schwarz gekleidet war, der mit dem Spachtel."

Als sie anderen immer noch ungläubig schauten, ergänzte sie:

„Als wir am frühen Abend von der Segeltour mit den Männern kamen, da habe ich ihn doch angesprochen, was er da macht. Er hatte gesagt, er sei G-E-O-L-O-G-E."

„Ich erinnere mich", meinte Ute, „wir haben dich noch ausgeschimpft und gesagt, du sollst dich nicht in alles einmischen."

Rita nickt zustimmend und antwortete:

„Genau, ich gehe jetzt sofort zum Kapitän Meldung machen."

„Warte", rief Rosi nun auch in Aufruhr, „wir gehen alle zusammen."

Schnellen Schrittes stürmten sie über das Deck, als ob es galt, ein Leben zu retten. Ina und Basti, die ihnen Arm in Arm entgegenkamen, winkten sie nur hektisch zu.

„Was habt Ihr denn jetzt wieder angestellt?", fragte Ina, doch sie bekam keine Antwort.

Natürlich hatten sie den Aufruf auch gehört.

„Vielleicht haben sie was Verdächtiges beobachtet", schlussfolgerte Basti.

Anstatt zur Rezeption zu gehen, liefen sie direkt zur Brücke. Das Verbotsschild am Aufgang ignorierten sie, und so standen Sekunden später drei aufgebrachte Landfrauen direkt auf der Brücke. Der Kapitän zuckte vor Schreck zusammen, übergab dann dem wachhabenden Offizier das Kommando und nahm die Damen mit in sein Büro, welches sich gleich hinter der Brücke befand. Die Begegnung am Hafen mit dem Geologen wurde in allen Details beschrieben. Der Kapitän lobte insbesondere Rita für ihr gutes Gespür und gab sogleich eine genaue Personenbeschreibung per Funk nach Funchal durch. Die Landfrauen durften dabei zusehen und fühlten sich geehrt. Da sie nun schon mal auf der Brücke waren, bekamen sie gleich noch eine kleine Führung.

Später zurück auf Deck 12 berichteten sie Ina alles genau. Diese war nun doch beeindruckt.

„Sind die Männer noch mit der „Gerlinde" im Hafen? Da muss ja die Hölle los sein", mutmaßte sie.

Ute versuchte, Kalli anzurufen. Leider war das Telefon ausgeschaltet.

„Sie wollten am frühen Vormittag aufbrechen", wusste sie, „vermutlich sind sie schon auf dem Meer."

„Wohin eigentlich nun?", fragte Rita, „in die Karibik?"

„Nein", gab Ute errötend zu, „nach Travemünde."

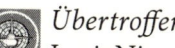 *Übertroffen*

Jessi, Nina, Tim und Hans-Jörg hatten heute Morgen beim Abstieg den Tumult an der Kaimauer selbst mitbekommen. Doch es war ihnen nicht viel Zeit geblieben, denn sie mussten in die bereits bereitstehenden Busse steigen. Aus dem Bus heraus machte Hans-Jörg noch Fotos.

„Das glaubt mir keiner, wie gut, dass ich die Gemälde gestern noch fotografiert haben", meinte er zu Nina. Anstatt dass der Bus losfuhr, stieg jedoch ein Polizist nebst Reiseleiter ein. Man fragte die Gäste mit Hinweis auf die Kaimauer, ob sie etwas bemerkt hätten. Als alle den Kopf schüttelten, durften sie den Hafen verlassen. Nina kuschelte sich liebevoll an Hans-Jörg und meinte über den Gang hin zu Jessi und Tim:

„Danke, dass Ihr mich zu diesem wunderbaren Urlaub überredet habt, ich hatte echt schwarz gesehen, aber alles hat sich wundervoll entwickelt."

„Sehr gern", sagte Tim und stellte mit einem Seitenblick auf Jessi fest:

„Uns hat es auch gutgetan."

Dafür küsste Jessi ihn liebevoll auf die Nasenspitze.

„Und schwarz haben wir dann heute Morgen ja auch noch alle gesehen", gab Hans-Jörg gut gelaunt von sich. Das Quartett schüttelte sich vor Lachen.

Amor und ich waren noch in der Nacht zu unserem Hauptquartier aufgebrochen. Die nächsten Aufträge warteten bereits. Das Ereignis auf Madeira erfuhren wir erst Stunden später durch die Medien. Ich fühlte mich schuldig, als ich es nicht mehr aushalten konnte, berichtete ich Amor von meinen Beobachtungen von der Brücke.

„Kleiner Engel, es ehrt dich und du musst kein schlechtes Gewissen haben. Wir sind doch Liebesengel. Für die Lösung von Kriminalfällen ist eine andere Abteilung in unserem Hause zuständig, aber wir rufen gleich mal bei den Agentenengeln an, ob jemand freie Kapazitäten hat, dann kannst du ihn mit genauen Informationen versorgen."

Ich lächelte dankbar und fühlte mich gleich besser.

 Kreuzzug ins Glück?

Die Polizei kam gegen Mittag an Bord und wurde direkt zum Kapitän geführt. Dieser gab an, nichts von den nächtlichen Malarbeiten mitbekommen zu haben. Hatte er auch nicht, denn er war sehr intensiv mit seiner Frau beschäftigt gewesen – Versöhnung feiern nach all der Zeit. Der Besuch der Polizei war über Bordlautsprecher angekündigt worden, kein Gast durfte das Schiff verlassen, bis es wieder freigegeben wurde. Doch von den Passagieren meldete sich niemand mit einer Aussage. Das Hauptfotomotiv an diesem

Morgen war die schwarze Kaimauer. Paul und ich waren mit auf der Brücke. Der kleine Frederic spielte draußen auf der Nock.

„Und sie haben auch am Nachmittag keine verdächtigen Personen in der Nähe die Kaimauer bemerkt?", wollte nun abschließend einer der Beamten wissen.

„Wir waren Korbschlitten fahren", entschuldigte sich der Kapitän und kratzte sich nachdenklich am Hinterkopf.

„Der Mann, dieser schwarze Mann, der es so eilig hatte", wisperte mir Paul zu.

„Bingo", dachte ich, flog schnell zu Frederic hinaus und erinnerte ihn mit leiser Stimme an die Begegnung. Schon kam er hineingelaufen und rief:

„Papa, Papa, da war doch dieser schwarze Mann, der dich fast aus dem Taxi herausgerissen hat."

Der Kapitän erinnerte sich, schlug sich auf die Stirn und sagte:

„Natürlich." Stolz strich er seinem Sohn über die Stirn, dann gab er die kurze Begegnung genau zu Protokoll. Gegen 14 Uhr gab die Polizei das Schiff wieder zum Landgang frei.

„Wie ist dir das nur eingefallen, mein Sohn?", fragte der Kapitän.

„Einer der alten Männer, die du nicht sehen kannst, weil sie Geister sind, hat mich daran erinnert", meinte Frederic.

„Ach so", schmunzelte der Vater, „na, dann sag deinen Geistern mal schönen Dank."

„Das mache ich", versprach Frederic.

Wir standen inzwischen an der Reling und schauten entgeistert in Richtung Kaimauer. Nahezu alle Passagiere inklusive der Crewmitglieder stürmten die Gangway hinunter, um die schwarze Mauer aus der Nähe anzusehen.

Spatzl kehrte von einem Rundflug zurück und gesellte sich zu uns.

„Ich habe mir das aus der Nähe angesehen, da ist, glaube ich, nichts mehr zu machen. Zwar kratzen die Experten mal hier, mal da, am Mauerwerk, aber die Farbe scheint nicht ablösbar zu sein."

Paul und ich nickten traurig.

Dann sagte Spatzl: „Schaut euch diese Menschen an, heute fotografieren sie ausnahmslos alle wie verrückt diese Mauer, sogar welche, die gestern, als die Bilder noch sichtbar waren, kein Foto gemacht haben."

 Der Butler

Der Anlauf des Hafens von Santa Cruz de Tenerife war erst für die frühen Abendstunden geplant. Gegen 12 Uhr erklang der Schiffsgong und die Stimme des Kapitäns schallte in alle Suiten. Sofia, die immer noch einen leichten Kater verspürte, fuhr erschrocken von ihrer Couch hoch. Mit ernster Stimme forderte der Kapitän alle anwesenden Gäste sowie die gesamte Crew auf, um 12 Uhr 30 in die Lounge zu kommen. Dies sei eine Pflichtveranstaltung, es wäre keine Seenotrettungsübung, aber sehr wichtig. Sofia bekam ein wenig Angst, das Schiff schaukelte heute mächtig auf den Wellen und nun auch noch so was. Sie ging ins Badezimmer, kämmte sich rasch die Haare und betrat schon wenige Zeit später die Lounge. Diese war schon gut gefüllt. Die meisten Gäste hatten sich gleich nach der Durchsage auf den Weg gemacht.

Pünktlich um 12 Uhr 30 betrat der Kapitän den Raum. Alle Augenpaare waren auf ihn gerichtet. Man hatte eine Leinwand aufgebaut und mittels eines Beamers zeigte der Kapitän den Gästen ein Foto von der Kaimauer von Funchal mit den maritimen Bildern. Dann berichtete er über die Silvesternacht und als er auf seiner Fernbedienung eine Taste drückte, kam das nächste Bild, welches die Mauer in schwarz zeigte. Niemand im Raum sprach ein Wort. Der

Kapitän fragte nach Hinweisen aus dem Publikum. Sofia, die die Mauer nicht gesehen hatte, erinnerte sich jedoch, dass Hans von ihr geschwärmt hatte. Keiner der Gäste hatte offenbar einen Hinweis. Da meldete sich Sofia zu Wort:

„Vielleicht weiß mein Butler Hans etwas, er musste heute Morgen sehr früh das Schiff verlassen. Ich wüsste übrigens auch gern, warum er gehen musste."

Der Kapitän warf seinem 1. Offizier einen Blick zu, dieser schüttelte mit dem Kopf.

„Das ist bereits überprüft worden, Frau von Straaten, Ihr Butler musste kurzfristig wegen einer familiären Angelegenheit abreisen."

Sofia erkannte die Lüge, diese Antwort kam zu schnell, sie ließ es sich aber nicht anmerken. Dafür beäugten sie die Mitreisenden nun umso interessierter. Hatte der Butler ihretwegen das Schiff verlassen? Was sie wohl getan hatte?

‚Der Reedereichef wird mich ohnehin noch kennenlernen, wenn wir zurück sind', dachte sie wütend, ‚einfach meinen Butler abzuziehen, nur weil ich ihn gebeten habe, mit mir den Jahresausklang zu feiern.'

Der Vielfahrer

Der bayrische Frühschoppen am späten Neujahrsmorgen war in vollem Gange. Die Küche hatte mächtig aufgefahren und wenn man das bayrische Buffet sah bzw. die Reste, die davon übrig waren, dann dachte man eher an ein Lokal in München als an ein Kreuzfahrtschiff, welches sich im Atlantischen Ozean befand. Kleine Haxen, Weißwürstchen, Käsekrainer und sogar ein ganzes Spanferkel waren inzwischen in die Mägen der hungrigen Passagiere gewandert. Auch die Beilagen wie frischer Krautsalat, Obazda und unendlich viele Laugenbrezen waren nahezu vertilgt. Der Kreuzfahrtdirektor hatte zu einem Fässchen Bier eingeladen, welches seiner Beschreibung aber spottete, denn die rund 600 Gäste waren alle schon beim dritten Glas und immer noch liefen die Deck-Stewards eifrig mit Freibier herum. Aus dem Bordlautsprecher erklangen zünftige Schlager und Udo und Corina waren mittendrin im Gewühl auf der Tanzfläche. Um 12 Uhr wurde das Ende des Frühschoppens eingeläutet, die Musik verklang und die Gäste sahen verwundert, dass der Kapitän das Mikrofon zur Hand nahm. Nachdem er nochmals Neujahrswünsche ausgesprochen hatte, begann er die Pressemeldung aus Funchal vorzulesen.

Corina und Udo kehrten zurück an ihren Tisch, wo Joachim schon wartete.

„Ha, ich habe das alles noch im Kasten", prahlte er und wollte sogleich seine Bilder zeigen.

Corina und Udo winkten ab, sie wollten keinen Satz vom Kapitän verpassen. Als er endete, bat er um Hinweise direkt an die Schiffsleitung.

Am frühen Nachmittag traf Corina ihre Schwester Helga.

„Und?", fragte Corina, „hat sich jemand gemeldet?"

Helga schüttelte den Kopf und meinte:

„Das war auch nicht zu erwarten, wir lagen ja auf der anderen Seite im Hafen, aber versuchen mussten wir es. Wie geht es denn euch zwei Turteltauben? Ich habe euch vorhin tanzen sehen."

„Gut", grinste Corina spitzbübisch, „Dortmund oder Berlin ist die Frage."

Helga zwinkerte ihr zu und drückte sie kurz.

Abschied

Der Mega-Liner bahnte sich mühsam seinen Weg durch die tosenden Wellen des Atlantiks. Um 12 Uhr ertönte ein Gong, der von der Brücke kam. Der Kapitän las die Pressemeldung aus Funchal in vier verschiedenen Sprachen vor. Er bat um Mithilfe in dieser Angelegenheit. Jeder Hinweis sei kostbar. Steffi und Andreas hatten bis nachmittags frei und lagen noch gemütlich und eng aneinandergekuschelt im Bett.

„Scheiße", sagte Andreas nach der Durchsage, „jetzt musst du aussagen, als Crewmitglied bist du dazu sogar verpflichtet."

„Nein", erwiderte Steffi, ich sehe das anders. Er hat ja in der Nacht auf dem Pool-Deck nicht zu mir als Weinkellnerin, sondern zu mir als Privatperson gesprochen."

Andreas runzelte die Stirn. Ihm war die ganze Sache nicht geheuer.

„Du glaubst seinen Worten nicht, oder?", fragte Steffi. Er nickte. Nachdem sie sich in der Silvesternacht gerade wieder versöhnt hatten, wollte er nichts weiter zu der Geschichte sagen, die Steffi ihm erzählt hatte. Außerdem war er überzeugt davon, dass ihn die Angelegenheit nicht noch einmal einholte. Antoni Maestro war seit zwei Jahren Witwer. Er und seine Frau waren in jungen Jahren begeisterte Segler. Sie waren sogar einmal von Madeira aus mit ihrem kleinen Segelboot nach Amerika aufgebrochen und natürlich hatten sie eine Zeichnung an der Kaimauer hinterlassen. Als sie älter wurden, begannen sie Kreuzfahrten zu machen, sie liebten beide unendlich das Meer. Jedes Jahr unternahmen sie gleich mehrere, allerdings immer mit wesentlich kleineren Kreuzfahrtschiffen. Vor zwei Jahren wollten sie eine Kreuzfahrt von Madeira aus um die Kanarischen Inseln unternehmen. Da sie gern noch einige Stunden in Funchal vor der Fahrt verbringen wollten, reisten sie einen Tag eher an. Am frühen Abend besuchten sie die Kaimauer, um ihre Zeichnung zu suchen. Antonis Frau war eine begabte Malerin gewesen. Sie staunten, wie viele Bilder inzwischen dazugekommen waren und wie hervorragend die Qualität dieser Zeichnungen war. Endlich fanden sie ihr kleines Bild. Die Frau, die eigentlich immer einen Pinsel und ein wenig Farbe in der Tasche hatte, schrieb das Datum des folgenden Tages unter das Bild und malte die Umrisse des Kreuzfahrtschiffes dazu. Dann blickte sie stolz auf ihr Werk und sagte: „Für Funchal, liebes Funchal, ich schenke dir meine Kunst."

Auf dem Rückweg aus dem Hafen wurde sie von einem Bus erfasst, der sie einige Meter mit sich schleifte. Sie war sofort tot. Antoni hatte nur eine Sekunde lang nicht aufgepasst. Später kam heraus, dass der Busfahrer in dem engen Hafen mit einer viel zu hohen Geschwindigkeit unterwegs gewesen war, doch das half dem trauernden Mann wenig. Er ließ den toten Körper seiner Frau nach Deutschland überführen und beschloss, eines Tages wiederzukommen und sich zu rächen.

„Rache nehmen an einer Stadt, das ist doch Irrsinn", meinte Andreas.

„Antoni sah das aber so, er wollte Funchal etwas wegnehmen, was es liebte und auf was es stolz war", gab sie zurück.

Andreas war diese Sichtweise, die Steffi offenbar teilte, zu suspekt. Wo käme man denn hin, wenn Städte plötzlich menschliche Gefühle haben könnten, dann würden womöglich auch bald Tiere und Gegenstände sprechen können.

„Was wurde eigentlich aus dem Busfahrer?", wollte er wissen, „der hatte doch die Schuld."

„Er wurde wohl verurteilt und sitzt seitdem in Haft."

Wiederholt schüttelte Andreas den Kopf.

„Wenn du jetzt nicht dem Kapitän Meldung machst, dann tue ich das", sagt er mit fester Stimme.

„Wenn du das machst, dann wird es in sechs Tagen ein Abschied für immer", gab sie mit verärgerter Stimme zurück, „ich habe Antoni mein Wort geben."

Andreas seufzte und ließ sich wieder zurück in die Kissen fallen.

Der Schwarzmaler ist gefasst!

Nachdem die Recherchearbeiten bei den Passagieren der Kreuzfahrtschiffe nur wenig verwendbare Hinweise erbrachten, lieferte sich der Täter, der in der Silvesternacht die Kaimauer von Funchal komplett schwärzte, gestern selbst aus. Der Polizei war ein ganz in schwarz gekleideter Mann aufgefallen, der an einer Stelle der Mauer wie verrückt mit einem Spachtel kratzte. Der 60 Jahre alte Mann war Spanier und gab sich als Geologe aus. Eine Überprüfung seiner Papiere ergab, dass er Passagier auf dem Mega-Liner gewesen war. Bei dem späteren Verhör auf der Polizeiwache gestand er, die Mauer geschwärzt zu haben, gab aber keine Motive weder für den Abbruch seiner Reise noch für die Tat an. Der Mann wurde in Haft genommen, die Polizei ist weiter bemüht, die Hintergründe dieser Tat aufzuklären.

Pressemeldung der Tageszeitung von Funchal „Diário de Notícias", 02. 01. 15, 10 Uhr Ortszeit

Epilog

Funchal

Lieber Leser, was für aufregende Geschichten haben sich da vor meiner Stadt im Hafen dieses Jahr zu Silvester und Neujahr nur zugetragen. Es ist ja jedes Jahr sehr unterhaltsam und bewegend, wenn mich die ganzen Kreuzfahrtschiffe zum Jahresausklang besuchen kommen, aber dieses Mal war es etwas Besonderes. Noch nie hatte ich Geister gesehen oder gar sprechende Vögel, die Leben retten. Und so viele Liebespaare, die sich entweder fanden oder wiederfanden und das in nahezu allen Altersklassen. Meine Marketingleute sollten sich mal überlegen, mir den Status „Romantic City" zu verleihen. Das würde mir gefallen und sicher auch viele neue Besucher anlocken. Bei der einen oder anderen Geschichte wüsste ich ja zu gern, was nach der Heimreise nach Deutschland passiert ist, geht Ihnen das auch so?

Und dann diese Sache mit der geschwärzten Kaimauer. Das muss man erst mal sacken lassen. Fast vermute ich den Beginn eines Krimis. Die Zukunft wird es zeigen.

Natürlich ist meine Kaimauer im wirklichen Leben nicht in der Silvesternacht geschwärzt worden. Dies ist, wie auch sämtliche Charaktere und Handlungen in diesem Buch, eine freie Erfindung der Autorin Brina Stein. Wenn Sie neugierig geworden sind auf die Zeichnungen auf der Kaimauer, dann empfehle ich Ihnen den schönen Bildband des Autors Michael Zilz, der die Autorin Brina Stein übrigens zu dieser Geschichte inspiriert hat: Hafen – Graffiti, streetart maritim, ISBN 978-3-7322-7727-8, erschienen am 01.06.2014. Oder Sie besuchen mich auch mal zu Silvester und betrachten die Bilder vor Ort. Wer weiß, was *Sie* dann erleben?

Zum Abschluss bedanke ich mich, dass Sie so geduldig gelesen haben, was eine Stadt denken und empfinden kann, ich wünsche Ihnen ein gutes neues Jahr.

Inhalt

Danke

Mein Dank für eine Vorablektüre meines dritten Buches geht dieses Mal an vier auserwählte Probeleser. Es waren Kreuzfahrer, die meine ersten Bände kannten, aber auch Personen, denen ich noch unbekannt war. Eine besondere Herausforderung waren wie immer die Leser, die keine Kreuzfahrer sind und dazu auch noch meine bisherigen Bücher nicht kannten. Danke also an die Autorenkolleginnen Ute Bareiss, Jana Förster und Ute Hiemann. Ebenso als Probeleser fungierte Pierre Sperling, einer der Betreiber von schiffsjournal.de, wo ich seit über einem Jahr meine eigene maritime, monatliche Kolumne habe. Eure Rückmeldungen waren unendlich wertvoll für mich.

Ein besonderer Dank geht aber auch an den Reisejournalisten Franz Neumeier, der das Vorwort für dieses Buch geschrieben hat, was mich sehr stolz macht. Seit Oktober 2013 habe ich an diesem Buch gearbeitet. Nach Band 2 ging es also gleich übergangslos weiter. Motiviert haben mich wie immer meine Leser und ihre positiven Rückmeldungen. Nun gilt es erst mal für mich durchzuatmen. Auch meine Familie, Freunde und mein Mann bildeten in der Entstehung dieses Buches wieder einen starken Rückhalt für mich. Darüber bin ich unendlich glücklich. Hubert Quirbach, mein Agent und Lektor, und ich sind inzwischen ein eingespieltes Team. Mein Verlag 3.0 hat auch dieses Buch realisiert. Ihr Vertrauen ehrt mich, denn jetzt befinde ich mich irgendwo auf dem Weg zu meinem ersten Roman. Last but not least, was wäre Brina ohne ihren Illustrator Boris Noruschat von „Kreuzfahrtunikate"? Erneut hat er mit viel Liebe, Feingefühl und künstlerischem Können ein Cover erschaffen und dieses Mal alle „Seegänge" passend illustriert. Danke!

Ihnen danke ich für den Kauf und freue mich über Rückmeldungen und natürlich auch über Rezensionen an die Mailadresse: brina-stein@email.de. Alle Informationen sowie auch Termine für Lesungen an Land oder an Bord finden Sie auf meiner Webseite: www.brina-stein.de. Ich freue mich auf Ihren Besuch.

Ihre *Brina Stein*

Das sagen meine Probeleser über „Jahresausklang auf Madeira – Wellengeflüster in Portugal":

≈ Ute Bareiss (Autorin): *„Besonders gut an diesem Buch gefällt mir, dass die Geschichten, die alle am gleichen Schauplatz spielen, aus verschiedenen „Kreuzfahrt-Perspektiven" geschrieben sind."*

≈ Jana Förster (Autorin): *„Ein sehr schönes Buch, vielseitig und mit viel Fantasie. Man spürt als Leser, wieviel Leidenschaft die Autorin für die Urlaubsform Kreuzfahrt empfindet."*

≈ Ute Hiemann (Autorin): *„Als großer Lesefan von Wellengeflüster I und II war ich begeistert die Figuren, wie den Spatz, Amphitrite und die Berlin Uhr wiederzufinden".*

≈ Pierre Sperling (Schiffsjournal.de): *„Brina scheint so etwas wie eine Pferdeflüsterin für Kreuzfahrtschiffe und dessen Passagiere und Geschichten zu sein. Sie lauscht nicht nur dem Wellengeflüster, nein, sie fängt dieses ein und bringt es gekonnt zu Papier."*

Autorenprofil

Der Reisejournalist Franz Neumeier

Franz Neumeier, Jahrgang 1968, ist ursprünglich Bank-kaufmann und Diplom-Politologe, hat sich aber schon früh dem Journalismus verschrieben und dieses Handwerk in Redaktionen von Tageszeitungen von der Pike auf gelernt. Vor einigen Jahren hat er sich als freiberuflicher Fachjour-nalist auf Kreuzfahrt-Themen spezialisiert, nachdem er zu-vor über zehn Jahre lang als Chefredakteur die Geschicke mehrerer Computerzeitschriften lenkte.

Doch schon 1995 hatte er in dem historischen Rad-dampfer Delta Queen seine eigentliche Liebe zu Schiffen und zum Wasser entdeckt. Seitdem ist er unzählige Male mit verschiedenen Schiffen den Mississippi und seine Ne-benflüsse hinauf und hinunter gefahren. 2007 entdeckte er zusammen mit seiner Frau Carmen Winkler und seine Tochter Leonie bei einer Karibik-Kreuzfahrt ab New Or-leans auch die Hochsee-Kreuzfahrt und war sofort mit dem Kreuzfahrt-Fieber infiziert.

Nur zwei Jahre später machte Franz das Hobby zum Beruf, hat sich seitdem als Journalist ganz auf Kreuzfahrt-Themen spezialisiert und verbringt auch seinen Urlaub mit Familie auf Kreuzfahrtschiffen, von kleinen Raddampfern bis hin zu Megaschiffen wie der Oasis of the Seas. Zusam-mengerechnet rund drei Monate verbringt Franz jedes Jahr „rein dienstlich" auf See.

Er veröffentlicht seine Reportagen und Service-Artikel in zahlreichen deutschen Tageszeitungen und Zeitschriften, darunter WAZ, Welt, touristik aktuell, Bunte, Kreuzfahrt-Beilagen der „Zeit" und T-Online, schreibt regelmäßige für den renommierten „Kreuzfahrt Guide" und publiziert auf seiner eigenen Kreuzfahrt-Website www.cruisetricks.de.

Der Illustrator Boris Noruschat
von „Kreuzfahrtunikate"

Der 1966 in Berlin geborene Kaufmann lebt mit seiner Familie seit vielen Jahren im Ruhrgebiet. Boris hat schon seit seiner frühen Kindheit einen innigen Bezug zu Schiffen, speziell den Cruise-Linern. Gerade diese Leidenschaft verknüpfte er 2009 mit seiner Malerei. „Kreuzfahrtunikate" war geboren und hat sich über die Jahre als einziger Anbieter speziell im Bereich der maritimen Kunst und Malerei von Kreuzfahrtschiffen etabliert. Mittlerweile hat er Kunden rund um den Globus und ist auch selbst immer wieder gerne an Bord von Kreuzfahrtschiffen unterwegs. In diesem Jahr feierte „Kreuzfahrtunikate" bereits seinen 5. Geburtstag und stellte sogar auf den *Hamburger Cruise Days* aus.

Brina Stein fand Boris Noruschat 2013 im Internet und war sofort von seiner Kunst begeistert. Die Bewunderung beruhte nach kurzer Zeit auf Gegenseitigkeit. Schon nach dem ersten Telefonat war klar, dass die beiden mehr Gemeinsamkeiten haben als die Geburtsstadt Berlin und die Liebe zum Meer und Schiffen. Sie waren bereits gemeinsam auf Kreuzfahrt, haben ein eigenes Programm und wenn es Boris' Zeit erlaubt, dann begleitet er Brina gern auf Lesungen und stellt dem stets interessierten Publikum seine Werke vor. Die Buchcover für Wellengeflüster I und II wurden natürlich ebenfalls von ihm gestaltet.

Alle Informationen zu Boris Noruschat finden Sie hier: www.kreuzfahrtunikate.de.

140

Weitere Werke
von Brina Stein
aus dem Verlagsprogramm

Wellengeflüster I

– Neunzehn Seegänge mit Brina Stein –
Mit Illustrationen von Boris Noruschat

Band 1, 164 Seiten

Was haben eine Biene, ein Spatz und ein Koffer gemeinsam? In diesem Buch gehen sie auf Kreuzfahrt und werden die Helden ihrer eigenen Abenteuer. Oder wollten Sie schon immer mehr über das Arbeitsleben einer Schiffs-Webcam, einer Bord-Uhr oder eines Weinkorkens auf See erfahren?

Neben fiktionalen Erzählungen erwarten Sie aber auch reale und tiefgehende Themen, die Menschen an Bord bewegen. Der Seegang des Meeres hält sich in Grenzen, schließlich sollen Sie das Flüstern der Wellen hören ... Dafür schlagen die Emotionen umso höhere Wogen!

Neunzehn spannende Seegänge – vom Flusskreuzer bis zum Mega-Liner, von der Karibik bis ans Nordkap, von der Liebe bis zum Mord. Stechen Sie mit Brina Stein in See!

Lesermeinungen zu Band 1:

≈ *Warum nur 19??? Ich hätte stundenlang weiterlesen können, oder nein ... am besten regelmäßig und immer wieder :-)*
Melanie Denkmann

≈ *Liebe Brina, du hast es geschafft! Ich habe seit Jahren mal wieder ein Buch gelesen. Und das in nur einer Woche auf der AidaMar, also in perfekter Kulisse*
Markus Pick

≈ *Wellengeflüster von Brina Stein ist ein Buch zum Thema Kreuzfahrt, welches auffallend aus der Masse herausragt*
Schiffsjournal.de

≈ *Überraschend anders & erfrischend!*
Sabrina Müller

≈ *Die perfekte Lektüre, nicht nur auf See*
Petra Schulz

ISBN 978-3-95667-035-0

Wellengeflüster II

– Neue Seegänge mit Brina Stein –
Mit Illustrationen von Boris Noruschat

Band 2, 148 Seiten

Erneut geht Brina Stein mit fiktiven und realen Geschichten auf Kreuzfahrt. Im Band 2 gibt es ein Wiedersehen mit dem legendären Koffer und Amors Gehilfen. Aber auch neue, spannende Charaktere erwarten die Leser. Eine Liege, eine Schiffskabine und ein Strandkorb kommen zu Wort. Was empfinden vier Kreuzfahrtschiffe, die wöchentlich im Kreis um die Kanarischen Inseln fahren, wenn sie auf einen Klassiker auf Weltreise treffen?

Neben den fiktionalen Erzählungen entführt die Autorin aber auch in die Anfänge der Kreuzfahrtgeschichte und – im Gegensatz dazu – in die Zukunft. Wie wird die Kreuzfahrt im Jahr 2073 aussehen? Wieder werden die Wellen flüstern und die Leser oft mit einem offenen Ausgang überraschen.

Neue, spannende Seegänge – vom Segler über eine Fähre bis zum Luxusliner. Vom mystischen Stonehenge bis zur modernen Skyline von Dubai. Stechen Sie mit Brina Stein in See!

ISBN 978-3-95667-038-1

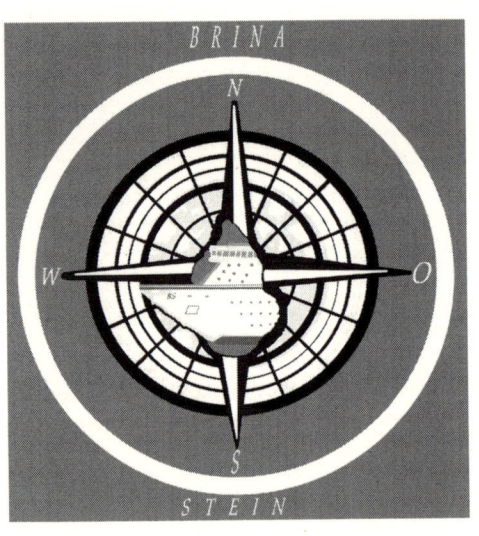